沢村貞子の献立

料理・飯島奈美

③

献立

沢村貞子　さわむら・さだこ

1908年（明治41年）東京・浅草生まれ。俳優・エッセイスト。本名大橋貞子（ていこ）。日本女子大学在学中に新築地劇団に参加。前衛演劇運動に加わって投獄を経験する。34年、日活太秦現代劇部に入社、映画俳優としてデビュー。小津安二郎監督作品をはじめとした映画、舞台、テレビで名脇役として活躍した。生涯で出演した映画は100本以上。78年には、半生をとりあげたNHK連続テレビ小説「おていちゃん」が放送された。89年に俳優を引退。文筆にも長け、77年『私の浅草』で日本エッセイスト・クラブ賞を受賞。ほか『貝のうた』『わたしの台所』『わたしの献立日記』など著書多数。96年（平成8年）没。

料理・文

飯島奈美　いいじま・なみ

東京生まれ。フードスタイリスト。テレビCMを中心に広告、映画などで幅広く活躍中。2005年の映画『かもめ食堂』参加をきっかけに、映画やテレビドラマのフードスタイリングを手がけるようになり、映画『東京タワー～オカンとボクと、時々、オトン』『めがね』『南極料理人』『海街diary』『真実』『すばらしき世界』『ちひろさん』、ドラマ・映画『深夜食堂』、連続テレビ小説「ごちそうさん」、ドラマ「カルテット」「大豆田とわ子と三人の元夫」「舞妓さんちのまかないさん」といった話題作を担当。『LIFE』『おいしい世界の台所』、（以下共著）『深夜食堂の料理帖』『ワインがおいしいフレンチごはん』『LIFE 12か月』など著書多数。

本書は、NHK Eテレ「365日の献立日記」（2021年3月～2022年12月放送分）をもとに、新規に写真撮影を行い、飯島奈美さんのレシピや、沢村貞子さんの著作の引用を加えて構成しました。

はじめに

NHK Eテレ「365日の献立日記」で、料理を担当して約4年がたちました。その内容をまとめた本シリーズ『沢村貞子の献立　料理・飯島奈美』はおかげさまで、これが3冊目です。

本書から手にとる方もいらっしゃるかもしれないので、まず、献立日記について説明しておきます。沢村貞子さんの献立日記は、昭和41年4月22日にはじまり平成4年11月23日まで36冊にわたって続けられました。ごく普通の大学ノートに線を引いて表にして、日付と献立が書かれています。はじめは簡素でしたが、やがて、朝ごはんやおやつ、魚屋さんから買った品物、代金、そして来客者などがメモされるようになりました（でもレシピはほとんどありません）。表紙には、芹沢銈介さんの味わいのある型染カレンダーが丁寧に巻かれていました。これを元に『わたしの献立日記』（新潮社、のちに中公文庫）という本が生前に刊行されました。

私が献立日記から料理を作るときには、当時どうやって作っていたんだろうと想像してみたり、沢村さんに提案するように日記にない食材を加えたり、沢村さんも読んでいたかもしれない古い料理書を参考にしたり、逆に現代的な調理法でアレンジしてみたり……再現するのではなくて、いつも沢村さんと対話するように、自分なりのレシピを考えます。例えば本書に「白菜とベーコンの重ね煮」（P157）という料理があります。沢村さんが実際どんな料理に仕立てたか、レシピは残されていません。そこで今回は、食卓で季節を感じる工夫をかかさなかった沢村さんにならって、冬らしく、かぶで雪のようなソースを作ってみました。レシピを考えるのは今でも簡単ではありませんが、放送4年目ともなると、日記から発想することにだんだんと慣れてきました。最近では、献立日記から、沢村さんが夫の大橋恭彦さんと食卓でかわした「会話」を想像するようになりました。

沢村さんを母さん、大橋さんを父さんと呼んで慕った黒柳徹子さんが二人について書いた文章があります。

「父さんは、あだ名の『殿さま』そのままに振舞って、一度も感謝の言葉を口にすることはなかった。何しろ、母さんの上手な手料理に、おいしい、とさえ言わないのだから、徹底している。私が、父さんに、『どうして、おいしいって言わないの？』と聞くと、不思議そうな顔をして、『おいしくなかったら、食べないよ』と答えた」（初心を貫いた人――私の「母さん」『とんぼの本　沢村貞子の献立日記』新潮社）

「殿さま」がそう言っていたと黒柳さんから聞いたなら、沢村さんは喜んだかもしれません。でも、話さずとも沢村さんに大橋さんの気持ちは伝わっていたんじゃないでしょうか。私は、大橋さんの箸の動きが「言葉」だったと、想像しています。箸がすすむのを見て「この料理は好みなんだな」などと沢村さんは感じていたのでは？　繰り返し作っている料理は、大橋さんがよく食べたものなのかもしれません。献立日記を見ていると、和食はもちろん、本格的な中華や、ときにはフレンチ、ギリシャ風など、実にさまざまな料理を作っています。それも、大橋さんがいたからかもしれません。褒めたりけなしたりしないから、反応が見たくて、いろいろ挑戦したんじゃないでしょうか。

料理を振る舞ったり、一緒に食卓を囲んだりして、人との距離が縮まる体験が、私は好きです。ときには、言葉や文化、食べてきた料理も違う人と、料理を通して、コミュニケーションもできる。つい多めにお弁当を作って仕事場に持参してしまったり（黒柳さんはよくお相伴にあずかっていたよう。P45）、たっぷりとお魚を買おうとして行商の魚屋さんにとめられたり、大橋さんのために、身体のこともいたわりながら料理を作り続けていた沢村さんも同じ気持ちだったんじゃないか。この仕事を続ける中で、沢村さんの存在をより身近に感じています。

飯島奈美

目次

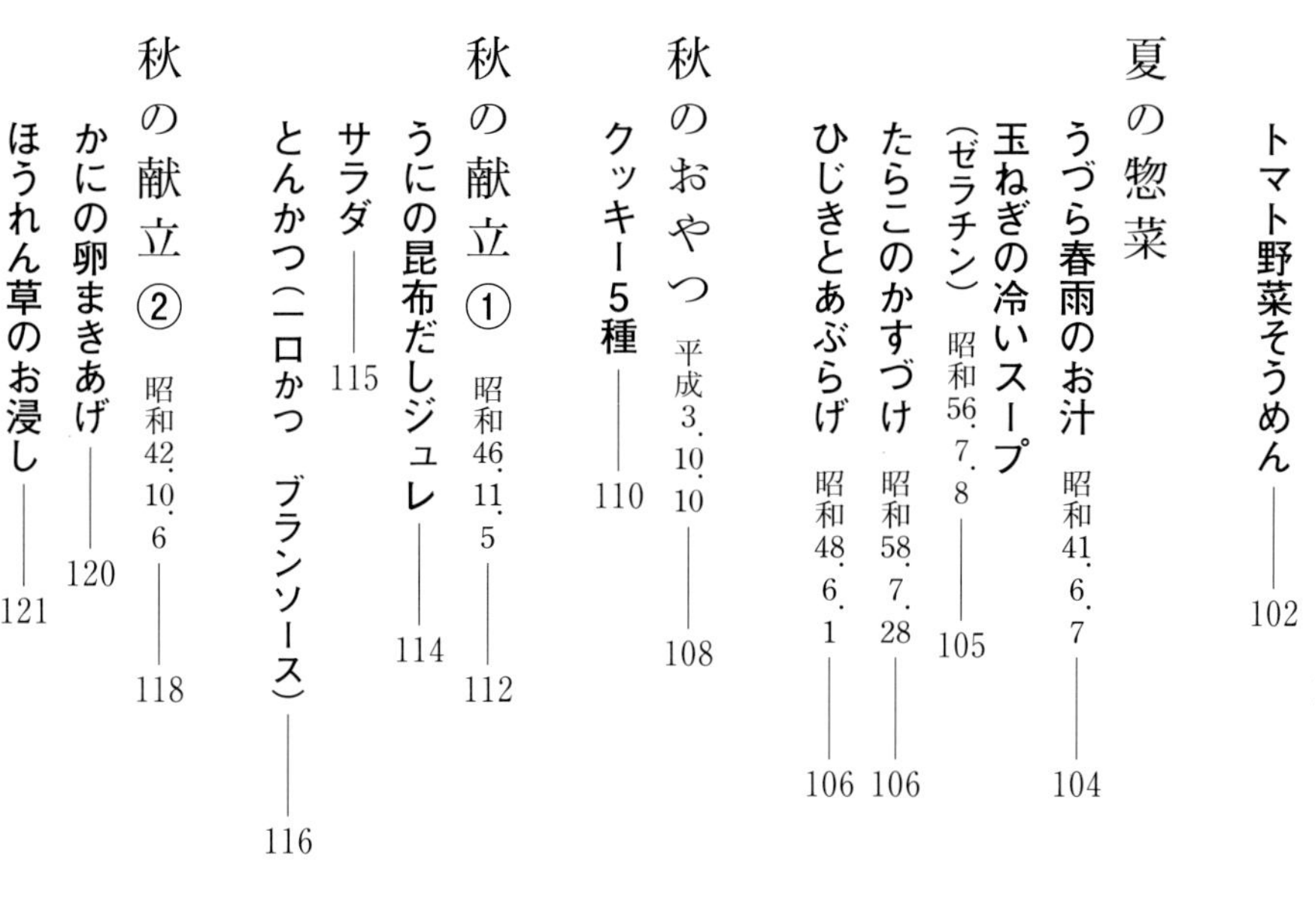

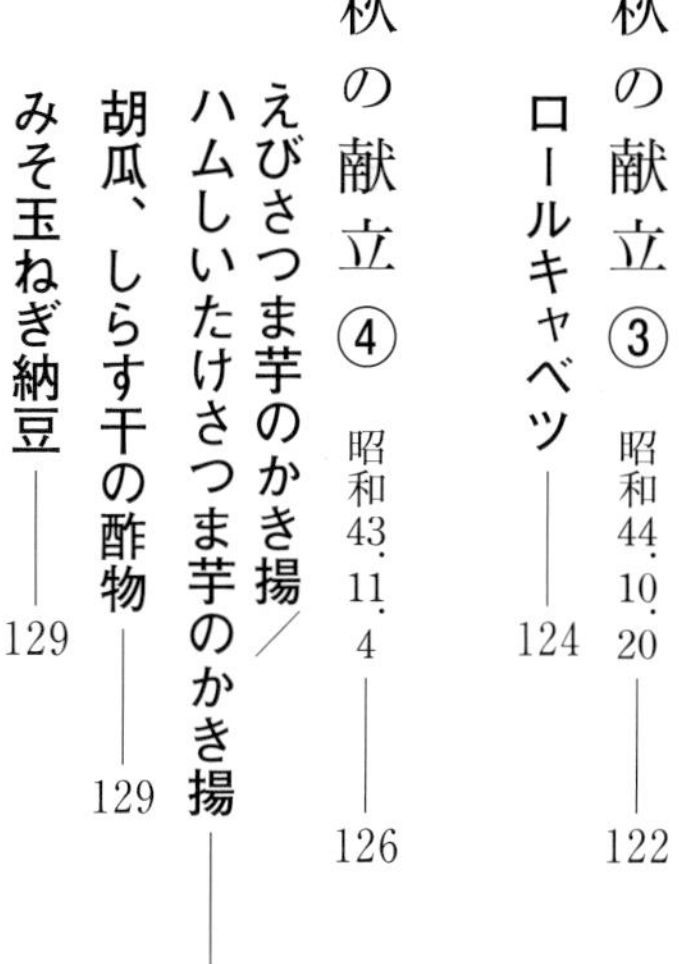

レシピについて

- 特に断りがないときは、**2人前**です。汁物はちょっとおかわりできるように多めにしてあります。
- 塩は、**粗塩**を使っています。精製塩など粒が細かい塩を使うときは、少なめにしてください。また、粗塩小さじ½としょうゆ大さじ1の塩分量が、ほぼ同じだと知っておくとレシピのアレンジに活かせます。
- 油は、**太白ごま油**や**米油**を使っています。これに限らず、香りやクセの少ない油をお好みで使ってください。
- バターは、特に表記がないときは**有塩バター**です。
- 梅干しは、**梅と塩だけの塩分20%の梅干し**を使いました。
- 和えものやタレに使う酒、みりんは、煮切ったものがおすすめですが、気にならなければそのままでもかまいません。
- レシピによって調味料の分量に幅をもたせました。好みや、自分が使っている調味料の味で加減してください。一緒に並べる料理が濃い味なら、薄めにするなど、食べ合わせを考えると献立がよくまとまります。
- 「**だし**」とだけ書いた場合、**昆布・かつおだし**です。

以下に、各種だし・スープのとり方を書きました。これを目安に、各レシピのだし・スープを用意してください。昆布はものによって厚さがまちまちなので、重さで把握するのがおすすめです。

- **だし(昆布・かつおだし)**

水　1ℓ
昆布　10g(10㎝角程度)
かつおぶし　20〜30g

鍋に昆布と水を入れ、30分浸します。弱めの中火にかけ、沸騰直前で昆布をとり出し火を弱め、かつおぶしを加えて2〜3分たったら火を止め、しばらくおいてから濾します。

- **昆布だし**

水　1ℓ
昆布　20g

鍋に昆布と水を入れ、30分浸します。弱めの中火にかけ、沸騰直前で昆布をとり出します。時間があるときは弱火でじっくり煮出してもよいです。

密閉できる容器に昆布と水を入れ、冷蔵庫に一晩(10時間ほど)おき、水出しにしてもおいしいだしがとれます。

・**煮干しだし**

水　1ℓ
煮干し　20～30g
昆布　10g

鍋に昆布、頭と腹ワタをとった煮干し、水を入れ、30分浸します。弱めの中火にかけ、沸騰直前で昆布をとり出します。沸いたら弱火にして10分煮て火を止め、煮干しをとり出します。

・**鶏スープ**

鶏ひき肉　150g
水　500mℓ

鍋に鶏ひき肉と水を入れ、よく混ぜてから火にかけます。弱めの中火で沸騰させて、ひき肉に火が通ったら目の細かいザルなどで濾します。スープをとったひき肉は、味付けして卵焼きや、ご飯にかけるなど活用できます。

・**米の炊き方**は、以下を参考にしてください。
米をボウルに入れて水を注ぎ、さっと混ぜてすぐ水をすてます。そのあと2～3回水を替え、手早く、軽く洗います。米に合わせた分量の水に、丸くぷっくりし、白っぽくなるまで（30分～1時間）浸し、炊飯します。すし飯は少し水を減らし、酒、昆布を入れて硬めに炊いてください。

・**煮物の味付け**について。調味料をまとめて入れて煮ると食材のまわりにだけ味がつきます。少しずつ加えると中まで味がしみます。それぞれによさがあり使い分けています。

・**揚げ物の油のきり方**について。キッチンペーパーをしいたバットにとり、油をしっかりきります。その後、揚げ網に重ならないようにのせてください。フライのときは、油に浮いたパン粉を焦げる前にすくうときれいに揚がります。

・**油あげの油抜き**はキッチンペーパーではさんで押すとよいです。目に見えて油がとれるし、少ない枚数なら簡単です。

・料理ごとにぴったりの鍋が見つかると上手に仕上がります。

・浅く平たい竹製のザル「**盆ザル**」があると便利です。茹でた食材を冷ましたり、水をきったり、盛り付けに使ったり、キッチンペーパーをしいて揚げ物を受けたり……。

・料理名は沢村さんの献立日記のままの表記です。

・「春（夏、秋、冬）の惣菜」のページとP59のみそ汁3種、P90の酢の物3種は、NHKでの放送のなかったこの本だけの内容です。献立日記に繰り返し出てくるおかずや、沢村さんの真骨頂とも言える、食材のとり合わせがユニークな料理などをとり上げました。

春

春の献立──①

朝

食パン
牛乳
めだまやき
にんじん、きぬさや、グリーンアスパラ、ねぎ（万能）、干柿、グレープフルーツ、いちご、キャベツ

どんなに忙しいときでも、わが家では、かならず朝食をとった。なんの仕事も、おなかがすいてはうまくゆかない。

（「朝ごはん」沢村貞子『わたしの献立日記』中公文庫）＊

＊献立一覧下の文章はすべて、沢村貞子さんの著作からの引用です。

昭和 63.3.28

食パン

低い温度でじっくり焼いた、サクサクで、均一な焼き色のトースト。高い温度でさっと焼いた、中がしっとりしたトースト。それぞれによさがあります。食パンは、生地を型に入れて焼くとき、下のほうは水分が多くて密度が高くなり、上のほうは低くなります（上は耳がツルッとしています）。どうしても上のほうが焦げやすいので、トースターで焼くときには、下の部分を、温度が高くなる奥のほうに向けましょう。こうすると均一に焼けます。耳が焦げそうになったら、水をちょっとつければ、それ以上焼けません。「きれいに」と「おいしく」はしばしばイコールです。

食パンを蒸すのもまたおいしいです。折り曲げても耳が割れないから、きれいに具材をはさめます。蒸し野菜が一緒に作れたりするのもいいですね。

沢村さんの献立日記は夕食中心ですが、途中から朝食も記録されるようになりました。朝はパン派みたいです。

めだまやき

卵　2個
油　適量
水　大さじ1〜2
塩・ソース・しょうゆ・こしょう　各適宜

フライパンを中火にかけ、うすく油をひきます。卵を割り入れ、白身がうっすら白くなってきたら水を加えて弱火にし、アルミホイルをふわっとかけ、黄身が好みの固さになるまで焼きます。焼きあがるまで2〜3分ですが、最後のほうで、まわりに油をたらすと、ふちがカリッと仕上がります。

塩、ソース、しょうゆ、こしょうをお好みでかけて召し上がれ。

むしやきたまご

卵　2個
長ねぎ（粗みじん切り）　大さじ1
だし（P11）　75ml
みりん　小さじ1
薄口しょうゆ　小さじ½
塩　小さじ¼

卵をボウルで溶き、他の材料をすべて加えて混ぜます。土鍋（直径15cm。小さな片手鍋でも火を加減すればできます）に卵液を入れ、弱火にかけ、少しかたまりができたら底から混ぜ、3分ほどしてトロッとしたらさらに全体的に混ぜ、ふたをしてごく弱火でさらに2〜3分加熱します。蒸気がふたから漏れてきたら火を止めます。

ハムやパセリ、ホタテの缶詰などを加えてもおいしいです。

沢村さんの朝食にしばしば登場する一品も想像して作ってみました。

にんじん、きぬさや、グリーンアスパラ、ねぎ（万能）、干柿、グレープフルーツ、いちご、キャベツ

キャベツ　4枚
にんじん　½本
きぬさや　10枚
アスパラ　2本
小ねぎ　2本
干し柿（あんぽ柿）　1個（60g）
グレープフルーツ　¼個
いちご　10個
ドレッシング（混ぜておく）
　すりおろし玉ねぎ　小さじ1
　油　60～70ml
　酢　大さじ2
　白すりごま　大さじ½～1
　ディジョンマスタード　小さじ1
　塩　小さじ½
　砂糖　少々

　キャベツは千切りに、他の野菜と果物は食べやすい大きさに切ります（にんじん、きぬさや、アスパラは塩茹でします。塩は分量外）。器に彩りよく盛って、ドレッシングをかけたら完成です。ドレッシングはボトルに入れて、よくふると混ざりやすいです。

　沢村さんは、いろいろな野菜や果物を少しずつとり合わせて、朝食によく食べていました。ある日のサラダは特にうまくいったのか、写真が日記に貼ってありました。

春の献立――②

筍御飯
（筍、油揚、人参短冊切）
かつを煮付け
五目豆
のり吸

どうやら私は、「煮上がった豆」を食べることよりも「煮上げる」ことを楽しんでいるようである。（中略）消えそうで消えぬ火の具合、いつもちょうどよく豆にかぶっている煮汁の量に気を配りながら、鍋のそばにいるあいだ、私は楽しい。あんまりめまぐるしく、騒々しく、そしてせっかちな世の中に、うんざりしきった心のしこりが、鍋からあがるかすかな湯気といっしょに消えてゆく、といったら大げさかしら。

（豆を煮る『わたしの茶の間』光文社文庫）

昭和 43.4.21

筍御飯

作りやすい分量
米　2合
筍（茹で）　150〜200g
にんじん　⅓本
油あげ　½枚
昆布　5g
酒　大さじ1
みりん　大さじ½
薄口しょうゆ　大さじ2
塩　小さじ⅓〜½
木の芽　適量

米を洗い、しっかり浸水し、ザルに上げます。

筍の穂先はくし切り、下はいちょう切りにし、姫皮も千切りにします。にんじんは短めの短冊切りにします。油あげは油抜きし、短冊切りにします。

お釜に米、酒、みりん、薄口しょうゆ、適量の水、塩を入れ、ひと混ぜし、昆布をのせた上に筍、にんじん、油あげものせ、炊きます。

茶碗に盛り、木の芽をのせたら完成です。

五目豆

作りやすい分量

茹で大豆

　大豆（乾燥）　150g

　水　750mℓ＋約150mℓ（さし水）

　塩　小さじ½

ごぼう　½本（100g）

にんじん　½本（100g）

れんこん　½節（100g）

こんにゃく　½枚（100g）

干ししいたけ　2枚

昆布　10g

しょうゆ　大さじ3

砂糖　大さじ1

野菜とこんにゃく、もどした干ししいたけと昆布はすべて1cm角に切ります。

大豆は、塩を溶かした水750mℓに一晩つけてもどします。水ごと鍋に入れ、中火にかけ、沸いたら泡をとり弱火にし、さし水をしながら約40分、落としぶたをしてやわらかく煮ます。ごぼう、こんにゃく、干ししいたけを加えて中火にし、ひと煮立ちしたら弱火で10分煮ます。残りの材料を入れ、5分煮ます。しょうゆを入れて5分、砂糖を入れて5分煮たら火を止めます。ふたをして冷めるまでなじませます。汁が少ないので静かに煮ましょう。

かつを煮付け

かつお　6切（300g）
しょうが　1片
煮汁
　昆布だし（P11）　150㎖
　酒　75㎖
　みりん　大さじ3
　しょうゆ　大さじ3
　砂糖　大さじ½
　塩　小さじ½

かつおに塩（分量外）を軽くふって水分が出たら拭きとります。しょうがはスライスと針しょうがを両方準備しましょう。

鍋に煮汁の材料とスライスしたしょうがを入れ、中火にかけ、かつおも入れて沸騰したら、アクをとり、弱火で7～8分煮ます。火を止めて10分ほど味をなじませます。もっとおいて味をしみこませてもよいです。

器に盛り付けて、針しょうがをのせたら完成です。

沢村さんのお母さんは、かつおを煮た汁に熱い湯を注いだ、その名も「医者殺し」を、「身体が丈夫になる」と言って、体が弱かった沢村さんにしきりにすすめたそうです（参考・医者ころし『私の浅草』暮しの手帖社）。

切り干し大根煮

切り干し大根　20g
卵　2個
かつを煮付けの煮汁　１５０mℓ
切り干し大根のもどし汁　大さじ6

フライパンに水でもどして軽く絞った切り干し大根とかつを煮付けの煮汁を入れ、味をみながらもどし汁を加え、中火にかけます。大根が好みの固さに煮えたら、大根にくぼみをふたつ作り、卵を割り入れて、火を通します（固まり具合はお好みで）。卵の数は人数に合わせて変えてもよいです。私のスタッフの実家では、よくこうして魚の煮付けの煮汁まで活用していたそうです。

のり吸

のり　1枚
だし　５００mℓ
塩　小さじ$\frac{2}{3}$
薄口しょうゆ　少々
一味唐辛子　適量

のりを焼いてもみのりにし、お椀に入れます。温めただしに、塩、薄口しょうゆを加え、味をととのえ、お椀に注ぎ、一味唐辛子をふります。針しょうがをのせてもよいです。

春の献立——③

うなぎの山椒煮
（お茶づけ）
鯛のおさしみ
小がんもとうどの煮もの
花豆の甘煮

白いご飯を食べすぎると、明日のセリフが覚えられない、ということがわかっているのにやめられないお茶漬けの味。洋食ふうに、おかずばかりを食べたあと、刻んでさらして、しょうがの汁をかけた古漬けで、サラサラとホンの一口かっこんだだけで幸福な気持ちになるのは——郷愁だろうか。（食べさせる情愛『わたしの茶の間』）

昭和 62.3.20

小がんもとうどの煮もの

がんもどき（小）　4個
うど　1本（100g）
煮汁
だし　500㎖
薄口しょうゆ　大さじ2
みりん　大さじ1

がんもどきは、お湯をかけて油抜きします。うどは5㎝の短冊切りにして、水につけます。鍋に煮汁とがんもどきを入れて中火にかけ、沸いたら弱火にし、落としぶたをし、20分煮ます。水気をきったうどを加え、5分煮たら完成です。

うどの皮はキンピラにするのがおすすめです。

花豆の甘煮

作りやすい分量
花豆（乾燥）　250g
水　1ℓ
煮汁
砂糖　125g
水　100㎖
みりん　大さじ2
塩　小さじ⅓

花豆を鍋に入れ、水に一昼夜つけてもどします。そのまま中火にかけ、沸いたら弱火にし、静かに煮ます。つねに豆がかぶるくらいの水（分量外）を足しながら約2時間煮ます。やわらかくなったらザルにあけ、汁をすてます。鍋に煮汁と豆を入れ、落としぶたをして弱火で20分煮ます。最後に塩を加えて混ぜ、火を止め、ふたをして冷めるまでなじませます。

うなぎの山椒煮（お茶づけ）／鯛茶づけ

うなぎの山椒煮　60g
鯛　1さく（100g）
花穂紫蘇　2本
大葉　2枚
わさび　適量
ごまダレ
　白いりごま　大さじ3
　しょうゆ　大さじ2
　酒　大さじ1
　みりん　大さじ½
ご飯　適量
ほうじ茶　適量
緑茶　適量
刻みのり　適量
漬物（すぐき、新しょうがなど）　適量

鯛は、そぎ切りにして、花穂紫蘇、大葉、おろしたわさびと器に盛ります。鯛茶づけのごまダレを作ります。白いりごまは油を感じるまでよくすり、調味料を入れます。

箸休めの漬物を準備し、ご飯をお碗に盛ります。うなぎの山椒煮ならほうじ茶を、鯛茶づけならごまダレと緑茶で、刻みのりとわさび、花穂紫蘇、大葉をそえます。

山椒煮には台湾茶の東方美人も合います。沢村さんなら献立にあった「鯛のおさしみ」もお茶づけで楽しんだかな、と考えました。

春の献立――④

麻婆どうふ
（とうふ、豚肉、ねぎ、とうがらし）
きゅうりのおひたし
（きゅうり、てんかす）＊
黒豆ふくめ煮＊
みそ汁
（わかめ）

ご馳走とは言えないけれど、自分たちの口にあう手料理をあれこれ並べてゆっくり味わうのは、とても楽しい。／人間は美味しいものでおなかがふくれると気持がゆたかになって、何にでもやさしくしたくなるのはホントのこと。食後のお茶をのみながら庭を眺めると、さっきはジメジメと暗い灰色に見えた雨が、いまは青葉に映えて銀色に光り――とてもきれいだった。（食いしんぼ『わたしの台所』光文社文庫）

＊レシピはP179。1、2冊目で紹介済みで、本書内にもある料理のレシピは、P179～184にまとめて載せています。

昭和 49.4.10

麻婆どうふ

絹ごし豆腐　1丁
豚ひき肉　150g
しょうが　½片
にんにく　1片
長ねぎ　½本
豆豉　小さじ1
油　大さじ½
甜麺醤（またはみそ）　大さじ1
豆板醤　小さじ2と½
しょうゆ　大さじ1
酒　大さじ1
鶏スープ（P12。または水）　200mℓ
片栗粉　大さじ⅔
花椒　小さじ1

絹ごし豆腐を1.5〜2cmのさいの目に切り、茹でてザルにあげ水気をきります。しょうが、にんにくはみじん切りに、長ねぎ、豆豉は粗みじん切りにします。

フライパンを中火にかけ、油をひき、豚ひき肉を入れて広げます。両面に焼き目がついたら、ざっとほぐし、しょうが、にんにくを加えて炒め、香りがたったら豆豉、甜麺醤（みそにするときは少し減らしてください）、豆板醤を入れて炒めます。全体がなじんだらしょうゆ、酒、鶏スープ、長ねぎ（トッピングに⅓残します）、豆腐を入れ、2〜3分煮て、倍量の水（分量外）で溶いた片栗粉を加えてとろみをつけ、1〜2分しっかり加熱します。

器に盛り、長ねぎ、花椒をかけます。

春のおやつ

おやつ
大学芋
レモンティー

本郷の歌舞伎役者の家に奉公していたばあやさんは、私の母のところへ身の上相談に来るたびに、この大学芋を買ってきてくれた。／「お芋はからだにええそうな。帝大の学生はんも、これをたあんと食べてるさかい、どんどん頭がようなるんやって……」（大学芋のすすめ『わたしの台所』）

昭和55.4.20

大学芋

作りやすい分量
さつまいも　500g
油　適量
タレ
　グラニュー糖　大さじ3
　水　大さじ1
　しょうゆ　小さじ½
　酢　小さじ½
　はちみつ　大さじ1
黒いりごま　適量

さつまいもは皮をむき3〜4㎝の厚さの半月切りにし、水に5分ほどさらしてキッチンペーパーで水分を拭きます。鍋にさつまいもとかぶるくらいの油を入れてから強めの弱火にかけて20分揚げます。火を調整して100℃を保ちます。その後、中火にして140℃でさらに3分くらいからっと揚げます。竹串がスッと刺されば、揚げあがりです。

フライパンにはちみつ以外のタレの材料を入れ、中火にかけ、沸いたら弱火にし1分半ほどしてトロッとしてきたら火を止め、はちみつを入れます。油をきったさつまいもを和え、黒いりごまをふります。

クッキングシートに広げて落ち着かせると、くっつかず器に盛りやすいです。

鬼まんじゅう

作りやすい分量
さつまいも　２００g
黒豆(甘煮)　50g
薄力粉　大さじ6
砂糖　大さじ3
みりん　大さじ1
水　大さじ2

さつまいもは皮を少し残すようにピーラーでむいて、角切りにし、ボウルに入れ、砂糖をまぶして15分おきます。みりん、水、薄力粉を加えて混ぜ、煮汁をきった黒豆も和えます。８cm角に切ったクッキングシートに、生地をこんもりのせ、蒸気が上がった蒸し器に入れ、10分蒸します。

沢村さんが「わが家でたびたびアンコールされ」て作ったという大学芋(大学芋のすすめ『わたしの台所』)に加えて、私のおすすめのさつまいも菓子を。ゴツゴツした感じが、鬼のツノや金棒を連想させるので、この名が付いたとか。

春の献立――⑤

貞子お弁当
うにのまぜごはんのおにぎり
（のりまき）
きゅうりとしらたまの白酢あえ
さつまあげの甘辛煮
かつおとなすの煮つけ

三つの重ね、菱型（ひしがた）、小判型など塗物のお弁当箱を私は大切にしている。仕事に行く朝、その一つに彩りよくおかずをつめるのは結構楽しい。（中略）仕事の合間に食べるお弁当は、美味（おい）しく、美しく、しあわせな気分になれるものに限る。（お弁当のつくり方『わたしの献立日記』）

昭和57.5.28

うにのまぜごはんのおにぎり（のりまき）

6本分
米　2合
昆布　3g
酒　大さじ1
すし酢（混ぜておく）
　酢　大さじ4
　砂糖　大さじ⅔〜1
　塩　小さじ⅔
粒うに　⅔瓶（30〜40g）
のり　3枚
わさび　少々

米を洗い浸水したら、水を減らし、昆布、酒を入れて少し硬めに炊きます。

米が炊けたら昆布をとり、飯台にあけ、すし酢をまわしかけて混ぜ、あおいで粗熱をとります。すし飯ができたら、粒うにを加えて混ぜます。最後に6つにざっとわけておくと1本分の量がわかりやすいです。

のりを半分に切ります。まきすにのりをのせ、うにご飯を広げます。奥は少し空けておき、手前と、特に端はきちんとご飯を行き渡らせてください。すりおろしたわさびを中央にぬり、巻きます。はじめに思い切って手前と奥のご飯を重ねるように折り返すのがコツです。巻き終わったら、最後にそれぞれ4等分に切って完成です。

うに卵

作りやすい分量
卵　3個
粒うに　適量
だし　大さじ2
砂糖　大さじ1
塩　ひとつまみ
油　適量

ボウルに粒うにを入れ、よくつぶしてから、だし、砂糖、塩を混ぜ、卵を割り入れて、さらに混ぜます。

卵焼き器に油をひき、だし巻き卵と同じように、卵液を数回に分けて焼きながら巻きます。

「うにのまぜごはんのおにぎり（のりまき）」を番組で撮影したときに、うにがちょっと余りました。そこで、スタッフのためにこんなふうに卵焼きにしてみたら、大好評でした。

きゅうりとしらたまの白酢あえ

きゅうり　1本
白玉（作りやすい分量。30粒分）
白玉粉　100g
水　90〜100㎖
和え衣
木綿豆腐　½丁（150g）
白いりごま　大さじ1
みそ　大さじ½
酢　大さじ½
塩　少々

きゅうりを3㎜厚の輪切りにして塩（分量外）を軽くふり、水が出てしんなりしたら洗い、キッチンペーパーに包み絞ります。

白玉を作ります。白玉粉に徐々に水を加えて手でしっかりこね、なめらかになったら（耳たぶくらいの固さ）、直径2㎝に丸めて真ん中をくぼませます。沸騰した湯で2〜3分茹で、浮いてきたら冷水にとります。

和え衣を作ります。すり鉢で白いりごまをすり、油を感じたら水切りした木綿豆腐を加えてさらにすり、調味料を混ぜます。

きゅうりと白玉10〜15粒を和え衣と和えます。白酢和えなので、白っぽいみそがおすすめです（塩小さじ½弱でも）。みその種類で塩分が変わるので注意します。甘めが好みなら砂糖小さじ1を加えてもよいです。

カフェぜんざい

白玉　10～15粒（右ページ参照）
茹で小豆　1缶（250g）
アイスコーヒー　60～80㎖

茹で小豆をボウルに入れてアイスコーヒーでのばし、白玉を加えて混ぜ、器に盛ります。

きゅうりとしらたまの白酢あえで余った白玉の活用法を考えてみました。市販の茹で小豆は、甘さが強いものも多いですが、コーヒーを加えれば苦味で甘味がやわらぎ、食べやすくなります。もはや定番の組み合わせのようで、アイスや最中など、さまざまな商品にもとり入れられています。

食材を組み合わせるときに私が考えるのは「口中調味」。和菓子とコーヒーを一緒に出す喫茶店があったな、などと思い出して、この組み合わせを思いつきました。同じように、いちご大福を食べたときのことを思い浮かべてみると、茹で小豆に果汁も合いそうです。

かつおとなすの煮つけ

作りやすい分量
なす　3本
かつお　6切(300g)
煮汁
　しょうが　½片
　昆布　3g
　水　200mℓ
　酒　100mℓ
　しょうゆ　大さじ3
　みりん　大さじ3
　砂糖　大さじ1

なすはタテ半分に切り、皮に細かく切り込みを入れて3つに切ります。塩(分量外)を軽くふり、しばらくおいてキッチンペーパーに包んで水分をとります。かつおは一口大に切ります。

しょうがはスライスし、煮汁の材料を鍋にすべて入れて中火にかけます。かつおを入れ、沸騰したらアクをとり、なすを加え、落としぶたをして、再び沸いたら5分ほど弱めの中火で煮ます。火を止めて10分ほど味をなじませます。もっとおいて味をしみこませてもよいです。

さつまあげの甘辛煮

さつま揚げ　4枚
たかのつめ　1本
昆布　3g
水　200㎖
しょうゆ　大さじ1
酒　大さじ1
砂糖　小さじ1

さつま揚げを半分に切り、熱湯をかけて油抜きします。たかのつめは半分に切り、種をとりのぞいてください。小鍋にすべての材料を入れて落としぶたをして中火にかけ、沸いたら弱火で10分煮ます。火を止めて味をなじませたら完成です。

お弁当

沢村さんは、自分の健康を考えて、年中、仕事場に自分のお弁当を持って行ったそうです。役を離れてホッとする食事時間にまで、先輩の自分が若い人に気を遣わせないように、一人で自分の部屋で食べるため、という配慮でもあったとか。でも、こんなことも書いています。

『このお弁当、みんな一人で食べるんですか？』／この間、誰かが心配していた。腹六分目と決めている私にしては、たしかに量が多い。たっぷり二人前はある。つまり、これは、料理好きの癖の一つ——どうもひとに食べさせたがる」（私のお弁当『わたしの台所』）

このお相伴をとても喜んでくれたのが、黒柳徹子さんだったそう。「楽しんでくれる人とわけあうのが、本来のお弁当の意義なのかもしれない」（同右）と、沢村さん。

私も同じことをしてしまいます。お弁当を差し入れするときも、どうしても頼まれた人数分より多く作ってしまうんです。足りないよりは……とついつい。やっぱり、おいしいものは、みんなで食べたいですよね、沢村さん。

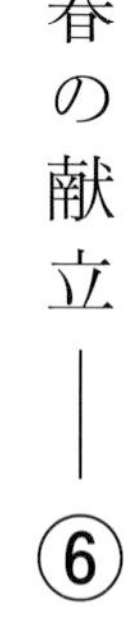

貞子——お弁当
おひるの分
サンドイッチ
牛乳

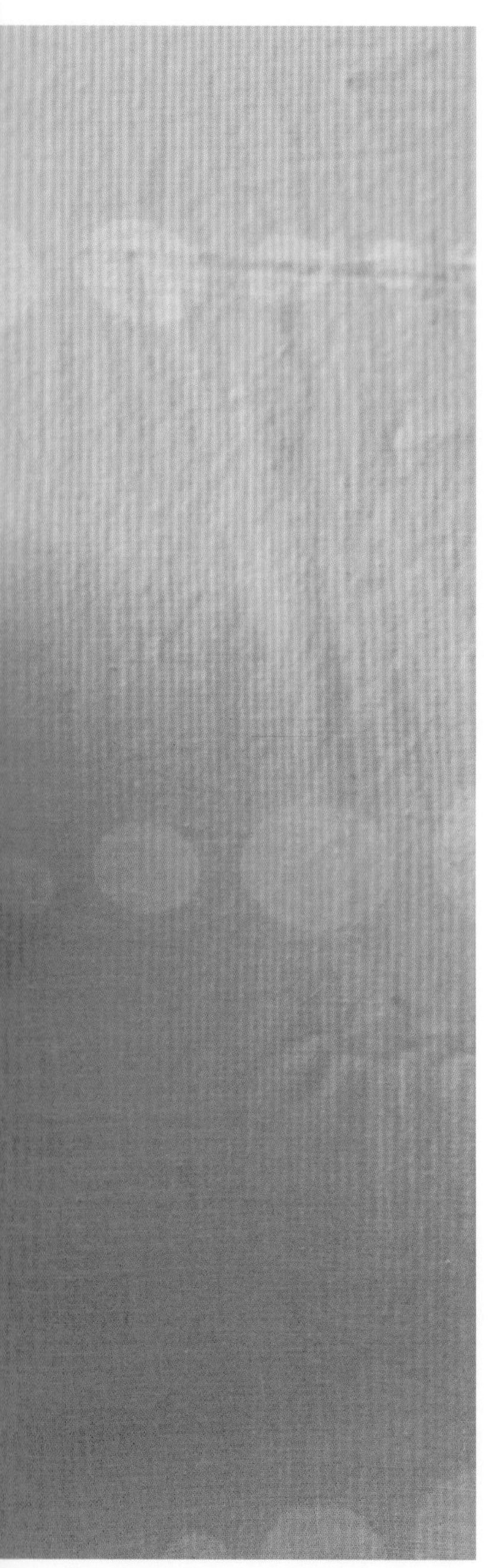

十冊目（四十九年）からは、左端の日附の下に、ちょっとした心おぼえを書いている。「仕事」というのは、その日、私がお弁当を持っていったというしるし。「お客さま」はお友達に手料理をさしあげた、ということ。「植木屋さん」「大工さん」などは、十時、三時のおやつを出したことである。（手料理『わたしの献立日記』）

昭和 61.3.27

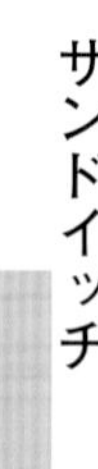

サンドイッチ
・オイルサーディン
・卵
・塩きゅうりとハム
・杏ジャム

作りやすい分量

バター　適量（全種に共通）

オイルサーディンサンド

食パン（10枚切り）　4枚
オイルサーディン　1缶（65g）
玉ねぎ（みじん切り）　大さじ1
スイートピクルス（みじん切り）　大さじ1
ディル　少々
粒マスタード　大さじ½
マヨネーズ　大さじ½～1
ウスターソース　少々
オリーブオイル　少々
塩　少々

卵サンド

食パン（10枚切り）　4枚
茹で卵（固茹で）　3個
玉ねぎ（みじん切り）　大さじ½
マヨネーズ　大さじ1～1と½
塩　少々
こしょう　少々

塩きゅうりとハムサンド

食パン（全粒粉、10枚切り）　4枚
きゅうり　1本
ハム（超薄切り）　10枚
粒マスタード　大さじ1
和からし　小さじ½

杏ジャムサンド
食パン（全粒粉、10枚切り）　4枚
杏ジャム　適量

バターは常温に戻しておきます。それぞれ具材をはさんだら1組ずつラップに包み、しばらくおいてから耳を落とし、食べやすく切ります。

◎オイルサーディンサンド　油をきってほぐしたオイルサーディン、水にさらして絞った玉ねぎ、刻んだディル、スイートピクルスを調味料と混ぜます。食パンにバターを塗り、具をはさみます（具は端まで丁寧にのせましょう）。
◎卵サンド　みじん切りにした茹で卵、水にさらして絞った玉ねぎを、マヨネーズ、塩、こしょうと混ぜます。パンにバターを塗り、具をはさみます。
◎塩きゅうりとハムサンド　きゅうりは薄い輪切りにし、塩（分量外）を軽くふり、水分が出たらキッチンペーパーで包んで絞ります。パンに、片方はバターを、もう片方は粒マスタードと和からしを混ぜたものを塗り、ハムときゅうりをはさみます。
◎杏ジャムサンド　パンの片方にバターを、もう片方に杏ジャムを塗り、はさみます。

パンの耳フレンチトースト

パンの耳　適量
卵液（混ぜておく）
　卵1個：牛乳１００mlの割合
　塩　少々
バター　適量
メープルシロップ　適量

卵液は、パンの耳の量に合わせて用意してください。バットでパンの耳を浸したときに、ちょうどかぶるくらいが適量です。卵焼き器を弱火にかけ、バターをひき、パンの耳を並べ、余った卵液を加えます。アルミホイルをふたにして、うすい焼き色がついたら裏返し、中まで火を通します。メープルシロップをかけたら完成です。

サンドイッチを作ったときの持て余しがちな耳もいただきましょう。端に残った具材が少し混じるのも、またおいしいです。

春の献立——⑦

ビーフステーキ
（ピーマン、にんじん）
オニオンスープ
ポテトサラダ
（じゃが芋、青豆、ハム、にんじん、
きゅうり、サラダ菜）＊1
きんぴら＊2
かまぼこ

「……あなたはこのごろ、意地悪な役ばかりなさるのね。なぜですか。私はあなたの大ファンで、顔つきも似ているとみんなが言ってくれるのに……あんな役、やめてください」／こんな手紙がきた。（中略）／でも——清く正しく善良な人ばかりではドラマは成りたたないし、そんな役ばかり出てくる芝居は面白くないのではないかしら。（役どころ『わたしの茶の間』）

＊1 P180も参照してください。＊2 レシピはP180。

昭和 61.4.4

ビーフステーキ

牛肉（イチボ）　200g
牛脂　1片
塩　適量
こしょう　適量
つけあわせ
　ピーマン　1〜2個
　にんじん　¼本
　バター　10g
　塩　少々

牛肉は冷蔵庫から出し、常温に30分おきます。

つけあわせを作ります。フライパンを熱し、バターを入れ、食べやすい大きさに切った野菜を炒め、塩をふり、皿に盛ります。

同じフライパンを強めの中火で熱し、牛脂を溶かし、肉を入れます。焼き時間は厚さにより調整します。2.5cm厚なら、片面1〜1分半ずつ、側面も色が変わる程度焼きます。アルミホイルで包んで5分休ませ、再び片面1分ずつ焼き、アルミホイルで包んで3分休ませます。1.5cm厚なら、焼き1分→休み5分→焼き45秒〜1分→休み3分が目安です。スライスして器に盛り、塩、こしょうをします。

オニオンスープ

玉ねぎ（小）　2個
にんにく　½片
水　500㎖
固形スープの素　1個
ローリエ　1枚
パセリ（茎と葉）　1枝分
オリーブオイル　大さじ½
塩　適量
こしょう　適量

玉ねぎは皮をむき、丸のまま上下を切り、オリーブオイルをしいた鍋で中火で焼いて、焼き目をしっかりとつけます。つぶしたにんにくを加え、香りが出たら、水と固形スープの素、ローリエとパセリの茎を入れてふたをして弱火で20〜30分煮ます。塩で味をととのえ、器に盛り、刻んだパセリの葉、こしょうを散らして完成です。

沢村さんのこんなエッセイが残っています。「家庭料理に玉ねぎは欠かせない。固形スープをたっぷりのお湯でとかし、新玉ねぎを丸ごと煮こめば結構おいしい即席スープになる」（玉ねぎ『わたしの献立日記』）。鶏スープ（P12）を使ってもいいのですが、ここでは沢村さんを真似してみました。

ポテトサラダ

じゃがいも　3個
にんじん　½本
グリーンピース（むき）　50g
きゅうり　1本
ハム（薄切り）　5枚
マヨネーズ　大さじ4〜5
塩　小さじ⅓
こしょう　少々
サラダ菜　適量

グリーンピースは塩茹でし、冷まします（塩は分量外）。きゅうりは薄い輪切りにし、塩（分量外）を軽くふり、水分が出たらキッチンペーパーに包んで絞ります。ハムは半分に切り、細切りにします。

皮をむいて4等分にしたじゃがいもと、タテ半分に切ったにんじんを一緒に、塩（分量外）を加えて水から茹でます。にんじんの固さをみて、じゃがいもより早くとり出して、いちょう切りにします。じゃがいももやわらかくなったら茹で汁をすて（ちなみに汁を少し残すとなめらかです）、鍋の中で熱いうちに塩、こしょうを加えてつぶします。ボウルに移し、粗熱がとれたらにんじん、グリーンピース、きゅうり、ハムを加え、マヨネーズと和え、塩、こしょう（ともに分量外）で味をととのえます。サラダ菜と皿に盛ったら完成です。

100人いれば100通りの味があるような、食卓の名脇役。もう1種、左で紹介するだけでなくP180に2冊目に掲載したレシピも載せておきました。

タラのポテトサラダ

じゃがいも　3個
タラ（生）　2切
ブロッコリー　100g
紫玉ねぎ　¼個
梅干し（刻む）　小さじ1
スイートピクルス（粗みじん切り）　大さじ3
白ワイン　大さじ3
マヨネーズ　大さじ3
オリーブオイル　大さじ1
粒マスタード　大さじ1
こしょう　少々
塩　適量

ブロッコリーは小房に分け、塩茹で（塩は分量外）して粗熱をとります。紫玉ねぎはヨコ半分に切ってから繊維にそってスライスし、水にさらし、水気をきります。タラは塩少々（分量外）と白ワインを加えた湯で茹でます。粗熱がとれたら皮と骨をとり除き粗くほぐしてください。

皮をむいて4等分にしたじゃがいもを、塩（分量外）を加えて水から茹でます。じゃがいもがやわらかくなったら茹で汁をすて（汁を少し残してもよいです）、鍋の中で熱いうちにつぶし、梅干しと紫玉ねぎを混ぜます。ボウルに移し、粗熱がとれたら、ブロッコリー、スイートピクルス、ほぐしたタラを加え、マヨネーズ、オリーブオイル、粒マスタード、こしょうと和えます。最後に塩で味をととのえます。

春の献立——⑧

まぐろどんぶり
（めじまぐろ、みつば、のり、わさび）
若竹煮
（筍、わかめ）＊
とろろ汁＊

鍋の水に昆布をいれ、煮立ちかけたら引きあげて、すぐ、けずりたての鰹節をいれ、また、ちょっと煮立ったら火をとめて漉せば、おいしい一番出し——ほんのりとした味と香はお吸物用ということである。もう一度、お鍋に水をはり、引きあげた昆布と鰹節をゆっくり煮出したものが二番出し——こっくりとした味は、乾物や野菜の煮物に欠かせない。（かつお節『わたしの献立日記』）

＊レシピはP181。

昭和56.4.16

まぐろどんぶり

まぐろ　1さく（200g）
ご飯　2膳
タレ
　酒　大さじ2
　みりん　大さじ½
　しょうゆ　大さじ3
三つ葉　適量
もみのり　適量
わさび　適量

タレを作ります。酒とみりんを小鍋で沸騰させ、火を止めてからしょうゆを加えます。できあがったら冷やしておきます。

まぐろは、そぎ切りにします。三つ葉は2cmに切ります。

どんぶりにご飯をよそい、もみのりを散らし、まぐろをのせ、タレをかけます。三つ葉、わさびを添えたら完成です。

みそ汁
・酒カス、ニラ
・庄内麩、みょうが
・かんぴょう、しいたけ

昭和52.3.25（酒カス、ニラ） 昭和44.10.13（庄内麩、みょうが） 昭和51.12.26（かんぴょう、しいたけ）

みそ汁（全種に共通）
だし　500mℓ
みそ　大さじ2
酒カス、ニラ
酒かす　大さじ2〜3
ニラ　⅓束
庄内麩、みょうが
庄内麩　1枚
みょうが　3本
かんぴょう、しいたけ
しいたけ　3枚
かんぴょう　10g

洋風な献立にさえ、みそ汁を欠かさなかった沢村さん。献立日記から、ちょっとユニークなみそ汁をご紹介します。

それぞれ、だしを温め、具材を食べやすい大きさに切って入れましょう。庄内麩とかんぴょうは水でもどしてください。具材に火が通ったらみそを溶いて召し上がれ。酒かすはみそと一緒に溶きましょう。

この日の献立にある「とろろ汁」のレシピはP181を参照してください。

だしは昆布・かつおだし以外にも煮干しだし（P12）でもよいです。

昭和57.4.20

苺ジャム　8箱こしらえる*

めまぐるしく変ってゆく世の中の流れにも眼を凝らし、四季の移り変り、自分の年齢に従って暮しのリズムを少しずつ変えることも大切。ときには何もかも放り出して、身も心も休ませる休止符も忘れてはいけない。／そんなことが本当にわかってきたのは、ついこの頃のような気がする。まったく、人間という動物は、一生、自分で自分を調整してゆかなければならないのだから、世話がやける。（リズミカル・カジ『わたしの台所』）

*献立日記にあったメモより。

苺ジャム

作りやすい分量
いちご（小粒）　ヘタを除き800g
グラニュー糖　240g（いちごの重さの30％）
レモン汁　½個分（30㎖）

いちごは洗い、キッチンペーパーで水分を拭きとり、ヘタをとり、計量します。鍋にいちごを入れ、グラニュー糖をまぶし、最低でも半日おき、水分が出てきたら強火にかけます。沸騰したらアクをとり、弱めの中火で様子を見ながら20～30分煮ます。水分が飛びすぎて煮汁が固くなったり、焦げたりしないように注意します。レモン汁を加え、ほどよい粘度になるまでさらに煮ます。コップの水にジャムをたらし、底まで沈んでから広がるくらいの粘度がほどよいです。

瓶を消毒してジャムを詰めます。ジャムは熱いうちに口一杯まで入れ、ふたを閉め、逆さまにして粗熱をとります。

フィンランドではステーキにベリーソースを、フランスではフォアグラにいちじくのジャムを使うように、実はジャムは料理にも使えます。

献立日記のすみにメモがありました。沢村さん、たくさん仕込んでますね。

カリカリチキン　苺ジャムソース

鶏もも肉　2枚
塩　少々
こしょう　少々
オリーブオイル　大さじ½
ソース
　いちごジャム　大さじ2
　プチトマト　10個
　オリーブオイル　大さじ½
　塩　少々
　赤ワインビネガー　大さじ½
つけあわせ
　リーフ類・玉ねぎ・ペパーミント　各適量

　鶏もも肉に塩、こしょうをふります。オリーブオイルをひいたフライパンに皮目を貼り付けるように鶏肉を置いてから、強めの弱火にかけ、最初、ヘラなどでおさえながらじっくりと焼きます。身が半分以上焼け、皮がきつね色にカリカリに焼けたら、ひっくり返し、中まで火を通します。

　ソースを作ります。オリーブオイルをひいた小鍋で、半分に切ったプチトマトを強めの弱火でしんなりするまで炒め、塩をふり、いちごジャム、赤ワインビネガーを加えます。

　つけあわせのサラダ（玉ねぎはスライス）を添えたらできあがりです。

春の献立――⑨

あぢの白酢あえ
（とうふ、ゴマ、あぢ、針しょうが）
小いかの煮つけ
さつまあげのおろしそえ
のり
みそ汁
（こかぶ、油あげ）

この世の中、どうせ嫌なことばっかりに決まってるんですものね（笑）。いいことなんて、たいしてありゃしない。／だけど、寝しなに、「今日はまあまあだったわ」とか、「一所懸命やったんだから、ごめんなさいね」なんて自分に言いながら寝ると、よく寝られるんです。嫌なことは忘れてしまうんですよ。（「仕事と家庭」という分け方『わたしのおせっかい談義』光文社文庫）

昭和 57.5.27

あぢの白酢あえ

あじ（刺身用）　1尾（180g）
塩　大さじ½
酢　適量
和え衣
　木綿豆腐　½丁（150g）
　白いりごま　大さじ1
　みそ　大さじ½
　酢　大さじ½
　塩　少々
　しょうが　適量

あじは三枚おろしにして、小骨（血合い骨）を抜きバットに並べ、両面に塩をふり、10～15分冷蔵庫に入れておきます。水でさっと洗い、水分を拭き、再びバットに並べ、酢をひたひたまで注いだら、5～10分おき、ひきあげます。水分を拭き、頭のほうから皮をはぎ、食べやすい大きさにそぎ切りにします。

和え衣を作ります。すり鉢で白いりごまをすり、油を感じたら水切りした木綿豆腐を加えてさらにすり、調味料を混ぜます。

和え衣とあじを和え、器に盛り、細い千切りにしたしょうがをのせたら完成です。

P42に書き添えたみその注意と甘さのアレンジも参照してください。

小いかの煮つけ

ひいか　10杯（250g）
スナップえんどう　8〜10本
水　大さじ3
酒　大さじ3
みりん　大さじ1と½
しょうゆ　大さじ1と½

ひいかをさばきます。足のほうから、胴体にタテに1.5㎝くらい切り目を入れて、墨袋をとり除きます。背骨は、墨袋のちょうど真裏にあるので、これも抜きとります。目もとり、長い足も切りましょう。

つけあわせにするスナップえんどうは、ヘタとすじをとって、塩をきかせて茹でます（塩は分量外）。

水と調味料をすべて鍋に入れて中火で沸かし、いかを入れます。再び沸騰したら、弱めの中火にし、3分ほど煮て火を止め、そのままなじませます。器に盛り、スナップえんどうを添えたら完成です。

煮上がってから、いかが冷めるまで鍋におくと、味がしっかりしみますが、10分ほどおくだけで、温かいうちに食べるのもおすすめです。いかの味がしっかりとします。

いかの下処理は面倒ですが、この一手間で味がぐっとよくなります。

青豆のうにたまご

昭和50.5.5

グリーンピース（むき）　100g
卵　3個
粒うに（瓶）　大さじ1
牛乳　大さじ2
塩　小さじ⅓
オリーブオイル　適量

グリーンピースは塩茹でします（塩は分量外）。フライパンを弱めの中火にかけ、オリーブオイルをひき、グリーンピースを入れます。水分がとんで、つやがよくなるまで炒め、塩を少々（分量外）ふり、少しつぶしてとり出します。

ボウルに粒うに、牛乳、塩を入れてよく混ぜ、卵を割り入れてさらに混ぜます。

フライパンを中火にかけ、オリーブオイルをひき、卵液を入れてざっくりと混ぜ、グリーンピースを加えてオムレツにします。

献立日記にはだし巻き卵風だったのか、スクランブルエッグ風だったのか、書いていませんでしたが、私は、スパニッシュオムレツみたいにしてみました。いかがでしょうか、沢村さん。

サニーレタスと油あげのうす味煮

平成4.4.16

サニーレタス　1株
油あげ　1枚
だし　500㎖
みりん　大さじ2
薄口しょうゆ　大さじ2
塩　少々

サニーレタスはざく切りにします。油抜きした油あげは食べやすく切ります。

鍋にだし、みりん、薄口しょうゆ、塩を入れて火にかけ、沸騰したら油あげを入れ、弱めの中火で2分ほど煮たら、サニーレタスも加えて混ぜます。菜箸だと破けてしまうので、ヘラを使うのが、おすすめです。しんなりしたら火を止めて完成です。

サニーレタスを煮物にするなんて！　沢村さんの食材の使い方はとても自由です。

とりもつ生姜の煮付

昭和41.5.10

鶏もつ（レバー、ハツなど）　300g
しょうが　1片
酒　180mℓ
しょうゆ　60mℓ
砂糖　大さじ3

鶏もつは、すじと脂をとり、食べやすく切ります。ハツならタテに切り目を入れます。水に約10分つけたら、水を替えながら洗い、血のかたまりを出します。レバーは水をぐるぐる回すと血がとれやすいです。鍋に調味料としょうがの千切りを入れて中火にかけ、もつも加えます。沸いたらアクをとり、落しぶたをして5～6分弱火で煮て火を止め、なじませます。

卯の花煎り

昭和56.4.4

おから　300g
にんじん　½本（100g）
しいたけ　3枚
わけぎ　2本
ごぼう　¼本（50g）
さつま揚げ　1枚
油　大さじ2～3
だし　400～500mℓ
塩　小さじ1と½
薄口しょうゆ　小さじ1

にんじんは太めの千切りにし、しいたけはスライス、わけぎは小口切り、さつま揚げは薄切りにします。ごぼうはささがきにして水につけ、水気をきります。鍋に油をひき、わけぎ以外の野菜とさつま揚げを中火で炒めます。だしを入れ、沸いたら調味料とおからを加えて煮ます。水分が少なくなり、しっとり煮えたらわけぎを加えて混ぜ、火を止めます。

夏

夏の献立――①

グリンピーススープ
シーフッドサラダ
（いか、セロリー、さや、レタス、ドレッシング）
ひらめのボンファム
のり

東京に生まれた悲しさに、故郷の味を知らない私は、ときどき、とても旅が恋しくなる。方々の地図だの、旅に関する雑誌だの、汽車の時間表だのをみてはどこへゆこうかと想像する。（旅へのあこがれ『わたしの茶の間』）

昭和 54.6.10

シーフッドサラダ

いか（小）　2杯
レタス　5～6枚
セロリ　½本
きぬさや　15枚
ドレッシング（作りやすい分量）
　玉ねぎ　¼個（50g）
　にんじん　¼本（50g）
　にんにく　1片
　アンチョビ　3枚
　白すりごま　大さじ1
　油　大さじ4～5
　酢　大さじ2
　薄口しょうゆ　大さじ2
　はちみつ　小さじ½
　こしょう　少々
　塩　少々

　ドレッシングを作ります。玉ねぎ、にんじんはスライスします。にんにくはタテ半分に切って、芽をとり、やわらかくなるまで茹でます。ドレッシングの材料をすべてフードプロセッサーにかけてなめらかになるまでまわします。味をみて塩でととのえます。


　いかは内臓をとり、皮をむき、輪切りにし、足は食べやすい大きさに切ります。

　レタスは一口大にちぎり、冷水につけてパリッとさせてから水気をきります。セロリはすじをとり、斜めにスライスします。きぬさやはヘタとすじをとって塩茹で（塩は分量外）し、とり出します。同じ鍋にいかを入れ、火を止め、30秒ほどでひきあげ冷水にとります。

　ボウルに水気をきったいか、きぬさや、レタスとセロリを入れてドレッシングを大さじ3ほどかけ、全体に和えます。器に盛り、ドレッシングを適量かけます。

グリンピーススープ

グリーンピース（むき）　120g
にんにく　½片
新玉ねぎ　¼個
鶏スープ　500㎖
ローリエ　1枚
オリーブオイル　大さじ½
塩　小さじ¾
こしょう　少々

鍋にオリーブオイルをひき、弱火にかけ、スライスしたにんにく、粗みじん切りにした新玉ねぎを入れて炒めます。油がまわったら、グリーンピースと塩を小さじ¼加えてさらにじっくり5〜6分炒めます。

鶏スープ、ローリエを加えて中火にし、4〜5分煮て、グリーンピースがやわらかくなったら残りの塩、こしょうで味をととのえます。

鯛のボンファム

鯛　2切（250〜280g）
下味
　塩　小さじ¼
　こしょう　少々
エシャロット　1個（20g）
マッシュルーム　3個
バター　10g
白ワイン　100㎖
ソース
　バター　10g
　薄力粉　小さじ1
　生クリーム　120㎖
　卵黄　1個分
　塩　小さじ¼
　こしょう　少々
　レモン汁　小さじ½
パセリ（粗みじん切り）　適量

鯛は皮をとり、塩、こしょうをします。エシャロット（玉ねぎでも）はスライス、マッシュルームは5㎜厚に切ります。

フライパンを中火にかけ、バター、エシャロット、マッシュルーム、鯛、白ワインを入れてふたをして4〜5分、材料にほとんど火が通るまで蒸し煮します。鯛とエシャロットとマッシュルームを焼き皿に移しておきます。

フライパンに残った汁でソースを作ります。あらかじめバターと薄力粉を混ぜておいたものと、生クリーム40㎖を加えて弱火にかけ、混ぜながら火を入れ、とろみがついたら火を止めます。残りの生クリームは八分立てにして、卵黄を混ぜ、ソースに加えてさらに混ぜ、塩、こしょう、レモン汁で味をととのえます。

焼き皿の具材にソースをかけて、パセリをふり、200℃に予熱したオーブンで焼き色がつくまで5〜7分焼いたら完成です。少し時間がかかりますが、トースターで焼き色がつくまで焼いてもよいです。

献立日記には「ひらめ」とありましたが、手に入りやすい鯛にしました。

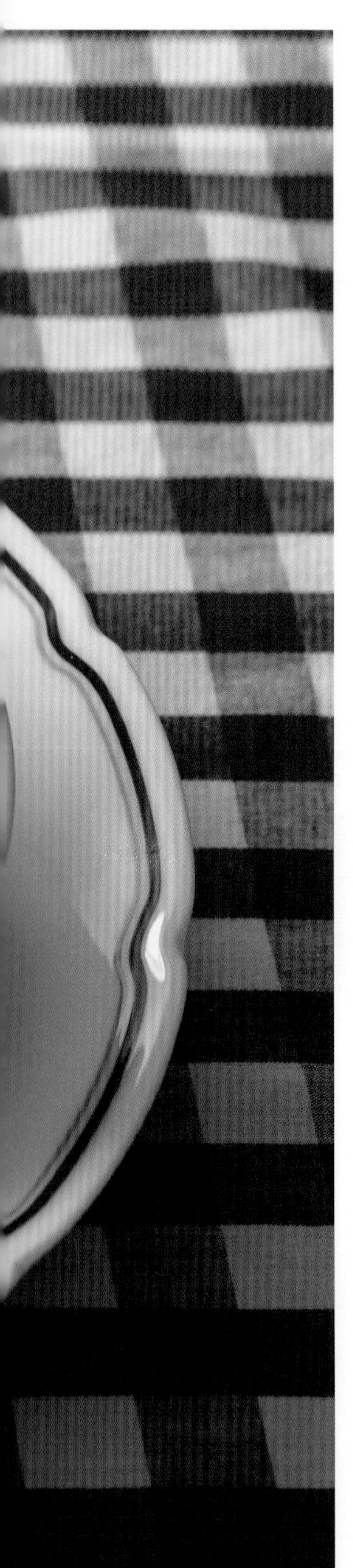

夏の献立――②

やき肉
七色酢物
油揚とうふの味噌汁

振り返ってみると、私は若いときから、自分で楽しい、と思うことだけをしてきた。傍目(はため)はまるで気にしなかった。そのために辛い目にもあったけれど、自分の好きなことをするのだから、そのくらいは当り前、と心を決めていたから、耐えられた。(年寄りはブラブラ『老いの楽しみ』ちくま文庫)

昭和41.6.25

やき肉

豚バラ肉（1㎝厚）　4枚
サンチュ　10〜15枚
えごま　10〜15枚
にんにく　2片
青唐辛子（生）　1本
赤唐辛子（生）　1本
長ねぎ　1本
粉唐辛子（韓国産、粗びき）　大さじ½
酢　大さじ½
ごま油　大さじ½

甘みそ（混ぜておく）
長ねぎ（みじん切り）　大さじ3
みそ　大さじ2
コチュジャン　大さじ1
ごま油　大さじ½〜1
みりん　大さじ½
粉唐辛子（韓国産、粗びき）　小さじ1
白すりごま　小さじ1

にんにく、青唐辛子、赤唐辛子はスライスし、サンチュとえごまとともに皿に盛ります。長ねぎは白髪ねぎにして、粉唐辛子、酢、ごま油と和えます。これで準備完了です。豚バラ肉を焼き、食べやすい大きさに切ったら、甘みそや、お好みの食材とともにいただきましょう。

韓国風ひじき

ひじき（乾燥）　25ｇ
牛薄切り肉　80ｇ
にんにく（みじん切り）　小さじ1
長ねぎ（みじん切り）　大さじ2
ごま油　大さじ½〜1
砂糖　小さじ1
しょうゆ　大さじ1
酒　大さじ3
白すりごま　小さじ1
粉唐辛子　少々
塩　少々

ひじきを水でもどし、ザルに上げて水気をきります。

鍋にごま油をひき、ひじきを中火で炒めます。にんにくと長ねぎ、2㎝の長さに切った牛薄切り肉を加えてさらに炒めます。

砂糖、しょうゆを加えてさらに炒め、酒を加えて弱火にし、落としぶたをして4〜5分煮ます。ひじきが固ければ、水を足してさらに煮ます。白すりごまと粉唐辛子をふり、味をみて薄ければ塩でととのえます。

やき肉に合わせて韓国風の惣菜を一品付け加えてみました。

七色酢物

赤パプリカの酢の物
　赤パプリカ　1個
　タレ（混ぜておく）
　　コチュジャン　大さじ1
　　酢　大さじ2
　　砂糖　小さじ1
　　おろしにんにく　少々

にんじんの酢の物
　にんじん　½本
　にんにく　½片
　ごま油　大さじ½
　塩　小さじ½
　酢　小さじ½
　薄口しょうゆ　少々
　白すりごま　小さじ½

黄パプリカの酢の物
　黄パプリカ　1個
　他の材料はにんじんの酢の物と同様

きゅうりの酢の物
　きゅうり　2本
　塩　小さじ⅓
　合わせ酢（混ぜておく）
　　酢　大さじ3
　　砂糖　大さじ⅔
　　ごま油　大さじ½
　　塩　小さじ⅓

紫キャベツの酢の物
　紫キャベツ　¼個
　他の材料はきゅうりの酢の物と同様

◎**赤パプリカの酢の物**　赤パプリカはスライスして塩（分量外）をまぶしてしばらくおき、水が出たらしっかり絞ります。タレで和えたら完成です。

◎**にんじん（黄パプリカ）の酢の物**　鍋にごま油をひき、つぶしたにんにく、千切りのにんじん、塩の半量を入れて弱火で炒めます。にんじんに火が通ったら味をみて、残りの塩、酢、薄口しょうゆ、白すりごまを加えます。酢を入れずに、ナムルのように仕立ててもおいしいです。黄パプリカはスライスして、同様に調理します。

◎**きゅうり（紫キャベツ）の酢の物**　きゅうりはタテ半分に切り、タネをとって、斜めにスライスし、塩をまぶし、しんなりしたら水を絞り、合わせ酢と和えます。紫キャベツは千切りにし、同様に調理します。

紫キャベツ
黄パプリカ
赤パプリカ
きゅうり
にんじん

夏の献立――③

牛肉となすの煮つけ
冷やっこ
（花かつお、ちそ、ねぎ、しょうが）
ニラの酢みそあえ
みそ汁
（ちくわ）

「私の運動は家事なんです。（中略）／朝起きたときにはドテッとしてるんですよ。何しろそういう体質なもんですからね。（中略）そして、朝ご飯の支度をしているころに、だんだんと目が覚めてきます。朝ご飯ができあがるころにはパチッとしまして、昨夕（ゆうべ）覚えておいたはずのセリフがぱっと浮かんでくる――そういうしかけになっています（笑）。」（台所が私の運動場『わたしのおせっかい談義』）

昭和48.8.9

牛肉となすの煮つけ

なす　3〜4本
牛薄切り肉　200g
片栗粉　小さじ½
実山椒の水煮　適量
煮汁
　だし　300ml
　酒　大さじ3
　しょうゆ　大さじ3
　砂糖　大さじ1

なすは皮に細かく切り込みを入れ、一口大に切り、塩（分量外）をふってしばらくおき、キッチンペーパーで水分をとります。牛薄切り肉には、片栗粉をまぶします。

鍋に煮汁、実山椒の水煮を入れて中火にかけ、沸騰したら牛肉を入れ、ふたたび沸いたらアクをとり、牛肉をとり出します。

煮汁になすを入れ、落としぶたをし、沸いたら弱火にし、火が通るまで煮ます。牛肉を戻してひと煮立ちさせたら完成です。

四川風冷やっこ

木綿豆腐　1丁
薬味（混ぜておく）
ザーサイ（粗みじん切り）　大さじ3　ごま油　小さじ2
長ねぎ（粗みじん切り）　大さじ3　豆板醤　小さじ½
パクチー（粗みじん切り）　大さじ3　塩　ひとつまみ
おろししょうが　小さじ1
白いりごま　小さじ½

薬味を豆腐にのせたら完成です（1人前½丁）。シンプルな冷やっこもいいけれど、たまには変わり種もいかがでしょう？

ニラの酢みそあえ

ニラ　1束（100g）
からし酢みそ（混ぜておく）
みそ　大さじ1と½～2
酢　大さじ1～1と½
砂糖　大さじ1と½
からし　小さじ½

ニラをさっと塩茹でし（塩は分量外）、ザルに広げて粗熱をとります。食べやすく切り、水気を軽く絞ってからし酢みそと和え、器に盛ります。

夏の献立――④

甘鯛みそづけ
いりどうふ＊
わかめ、きゅうり、油あげの三杯酢
みそ汁
（ニラ、てんかす）

思い切って冷凍庫を買ってから、そろそろ三年になる。（中略）手製のキンピラ、煎りどうふ、がんもどきの煮つけにすしのもと（ちらしずしのもと――ごぼう、椎茸、筍のいため煮）などいろいろ、ちょっと多めにこしらえた好みのおそうざいがそれぞれはいっている。（中略）この文明の利器は、所詮は兼業主婦である私の有能な助手、ということである。（冷凍庫・私のCM『わたしの台所』）

＊レシピはP182。

昭和 56.7.30

わかめ、きゅうり、油あげの三杯酢

きゅうり　1本
生わかめ　30～50g
油あげ　½枚
三杯酢（混ぜておく）
　酢　大さじ3
　砂糖　大さじ⅔～1
　薄口しょうゆ　大さじ½

きゅうりは薄い輪切りにし、塩少々（分量外）をまぶしてしんなりしたら水でさっと洗い、絞ります。生わかめは食べやすく切ります。油抜きした油あげは焼いて食べやすく切ります。三杯酢を大さじ1、きゅうりとわかめにからめてから水分をすて、残りの三杯酢、油あげとさっと和えます。すっぱいのが苦手なら、三杯酢にだしか水を大さじ1～2加えてください。

お客さまに振る舞った昼食の献立をとり上げました。この日は、沢村さんの弟・加東大介さんの七回忌でした。

酢の物

・しらすとのりととろろ芋
・こあじときゅうり
・しらすとねぎ

酢の物は沢村さんの献立の定番。その中からいくつかご紹介します。

平成 4.5.16+26（しらすとのり＋とろろ芋の酢の物）
平成 4.9.6（こあじときゅうりの酢の物）
平成 4.9.14（しらすとねぎの酢の物）

しらすとのりととろ芋の酢の物

長芋　10cm（150g）
しらす　30g
のり　適量
三杯酢（右記）

「しらすとのり」と「とろろ芋」はそれぞれ沢村さんはよく酢の物にしていますが、両方を組み合わせてみました。

千切りにした長芋を器に盛り、しらすと細切りにしたのりをのせ、三杯酢をかけます。甘さは控えめに、砂糖大さじ⅔がおすすめです。

こあじときゅうりの酢の物

小あじ　8〜10尾
きゅうり　1本
三杯酢（右記）

きゅうりは薄い輪切りにし、塩少々（分量外）をまぶしてしんなりしたら水でさっと洗い、絞ります。

小あじは下処理をして魚焼きグリルでカリッと焼きます。

あじが熱々のうちに、きゅうりと器に盛り、三杯酢をかけます。やや甘めに、砂糖大さじ1がおすすめ。

しらすとねぎの酢の物

長ねぎ　1本
しらす　30g
油　適量
合わせ酢（混ぜておく）
　酢　大さじ3
　砂糖　大さじ⅔
　塩　小さじ¼

長ねぎを4cmに切ります。フライパンを強めの弱火にかけ、油をひきじっくり焼き、合わせ酢に浸します。器に盛り、しらすをのせます。

甘鯛みそづけ

甘鯛　2切（230〜250g）
塩　少々
合わせみそ（混ぜておく）
　西京みそ　150g
　酒　大さじ1と½
　みりん　大さじ1と½
しょうがの酢漬け　適量

甘鯛は塩をふり、15分ほどおいて（夏は冷蔵庫で）から水分を拭きます。合わせみそを甘鯛の全体に塗り、ラップで包んで1〜2日間漬けます。みそをきれいにとり、魚焼きグリルで色よく焼きます。器に盛り、しょうがの酢漬けを添えたらできあがりです。

使ったあとの合わせみそで、いかや鮭などを漬けることもできます。

夏のおやつ

西瓜
わらび餅（自家製）
ババロア
シャーベット
あんみつ
そうめん

うまいものといっても、高価なもの、栄養のたっぷりあるもの、とは限らない。汗がタラタラ流れる真夏の冷たい素麵(そうめん)。凍えるような冬の夜の熱い雑炊など、どんなご馳走よりもおいしい。

（献立日記『わたしの台所』）

すいかのフルーツポンチ

作りやすい分量
小玉すいか　1個
パッションフルーツ　1個
レモングラス　5本
ペパーミント　適量
スパークリングワイン（ロゼ）　300〜400mℓ

小玉すいかは上のほうをギザギザに切り落とします。上下とも果肉を丸くくり抜き、下を皮の器にし果肉を戻して冷やします。パッションフルーツの果肉を混ぜ、レモングラスを添え、ペパーミントを散らして、冷えたスパークリングワインを注ぎます。

朝夕一日二食で、昼食のかわりに「おやつ」を摂るのが習慣だった沢村さん。献立日記の10冊目の途中（昭和48・9・14）から、おやつも記録し始めます。甘味だけでなくときにはちょっとした麵類も。その中から沢村さんが夏によく食べたおやつを紹介します。まずは「西瓜」。切って、塩をふっただけでもおいしいですが……ときにはこんなデザートはいかがでしょう？

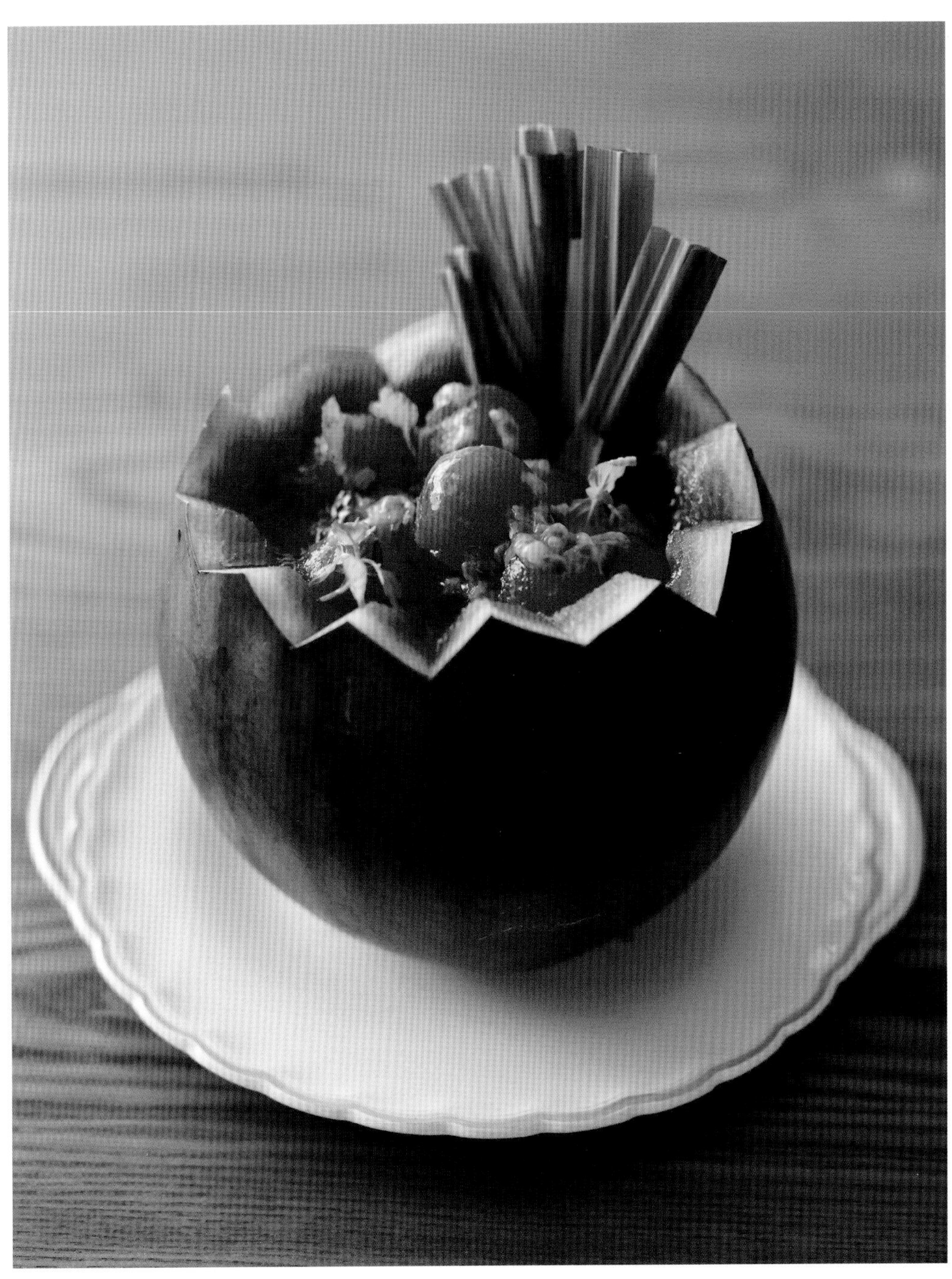

わらび餅
パインわらび餅

作りやすい分量

わらび餅
わらび餅粉　80g
砂糖　40g
水　400㎖

黒みつ（作りやすい分量。うち適量を使う）
黒糖　100g
ザラメ　100g
水　150㎖

きな粉　適量

パインわらび餅
わらび餅粉　80g
砂糖　40g
パイナップル　200g（約¼個）
水　適量
大葉　3～4枚
黒みつ　適量

◎わらび餅　黒みつを作ります。すべての材料を鍋に入れて火にかけて溶かし、沸騰したら火を止めて粗熱をとり冷やします。

わらび餅を作ります。鍋にわらび餅粉、砂糖、水を分量の⅓入れて混ぜ、よく溶けたら残りの水を入れて混ぜ、火にかけます。

弱火で混ぜながら加熱し、透明感が出てきたらぐるぐると根気よく5分ほど加熱しながら練ります（左上写真くらいまで）。

氷水に入れ、触れるまで温度が下がったら一口大にちぎり、別の氷水で冷やします。水気をきって器に盛り、きな粉、黒みつをかけます。

◎パインわらび餅　こちらは、わらび餅粉と砂糖に、水だけでなくパイナップルのすりおろしを加えます。パイナップルを100gすりおろし、計量カップに入れ、水を400㎖まで足します。加熱の仕方は、前述のわらび餅と同様です。固め方は、水っぽくなるのを避けるため、別の方法で。水で濡らしたバットに流して、ラップをして常温で固め、食べる前に30分くらい冷蔵庫で冷やします。盛り付けるときは、包丁を濡らしながらクッキングシートの上で切り分けます。わらび餅の上に、スライスした残りのパイナップルをのせ、1㎝角に切った大葉をちらし、黒みつをかけます。

昭和 57.7.29

ババロア

直径18㎝のエンゼル型1個分
牛乳　300㎖
バニラビーンズ　½本
卵黄　3個分
砂糖　80g
板ゼラチン　9g
生クリーム　200㎖
メロン（赤）　適量
メロン（緑）　適量
ペパーミント　適量

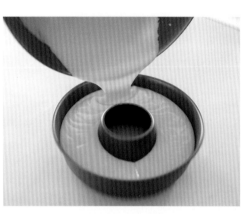

卵液を作ります。鍋に牛乳と、バニラビーンズの種（さやに切り目を入れこそげ出す）とさやをともに入れて沸騰寸前まで温め、ガーゼなどで濾します。

　卵黄と砂糖をボウルに入れてホイッパーで混ぜ、白っぽくもったりしたら（右上写真）温めた牛乳を少しずつ加えます。

　鍋に戻し、弱火で混ぜながら加熱し、トロッとしたら火を止めます。水でもどして（5〜6分でもどります）水気をきった板ゼラチンを加えて混ぜ、完全に溶けたらザルで濾し、粗熱をとります。

　生クリームを七分立てにします。

　卵液に生クリームを少量加えて混ぜ、なじんだら、残りの生クリームを加えてホイッパーで均一に混ぜます。氷水にあてながら、ゴムベラでさらに混ぜ、とろっとしたら水で濡らしたエンゼル型に注ぎ（左上写真）、冷蔵庫で冷やし固めます（約6時間）。

　型をぬるま湯で軽く温めて、ババロアを外し、食べやすく切ったメロンと、ペパーミントを飾ったら完成です。

昭和55.7.29

シャーベット
・すいか
・梅シロップ

昭和54.8.2

作りやすい分量

すいかシャーベット

すいか　1/8〜1/6個（果肉のみで300g）

フルーツトマト　200g

梅干し（刻む）　小さじ1

板ゼラチン　1g

グラニュー糖　大さじ1と1/2

レモン（スライス）　適量

梅シロップシャーベット

梅シロップ　200mℓ　板ゼラチン　1g

ジャスミン茶　300mℓ　大葉　5枚

◎すいかシャーベット　すいか、フルーツトマト、梅干しをミキサーにかけてジュースにします。水で板ゼラチンをふやかし、水気をきります。鍋にジュース100mℓとグラニュー糖、ゼラチンを入れて煮溶かし、火を止め、残りのジュースも混ぜます。深めのバットに移し、粗熱がとれたら冷凍庫へ。2時間おきに3回かき混ぜ、固まったら器に盛り、レモンスライスを添えます。

◎梅シロップシャーベット　梅シロップとジャスミン茶を混ぜて、うち100mℓで板ゼラチンを煮溶かしてからすべて混ぜ、トマトシャーベットと同様に、冷やし固めます。器に盛り、刻んだ大葉をのせます。

あんみつ

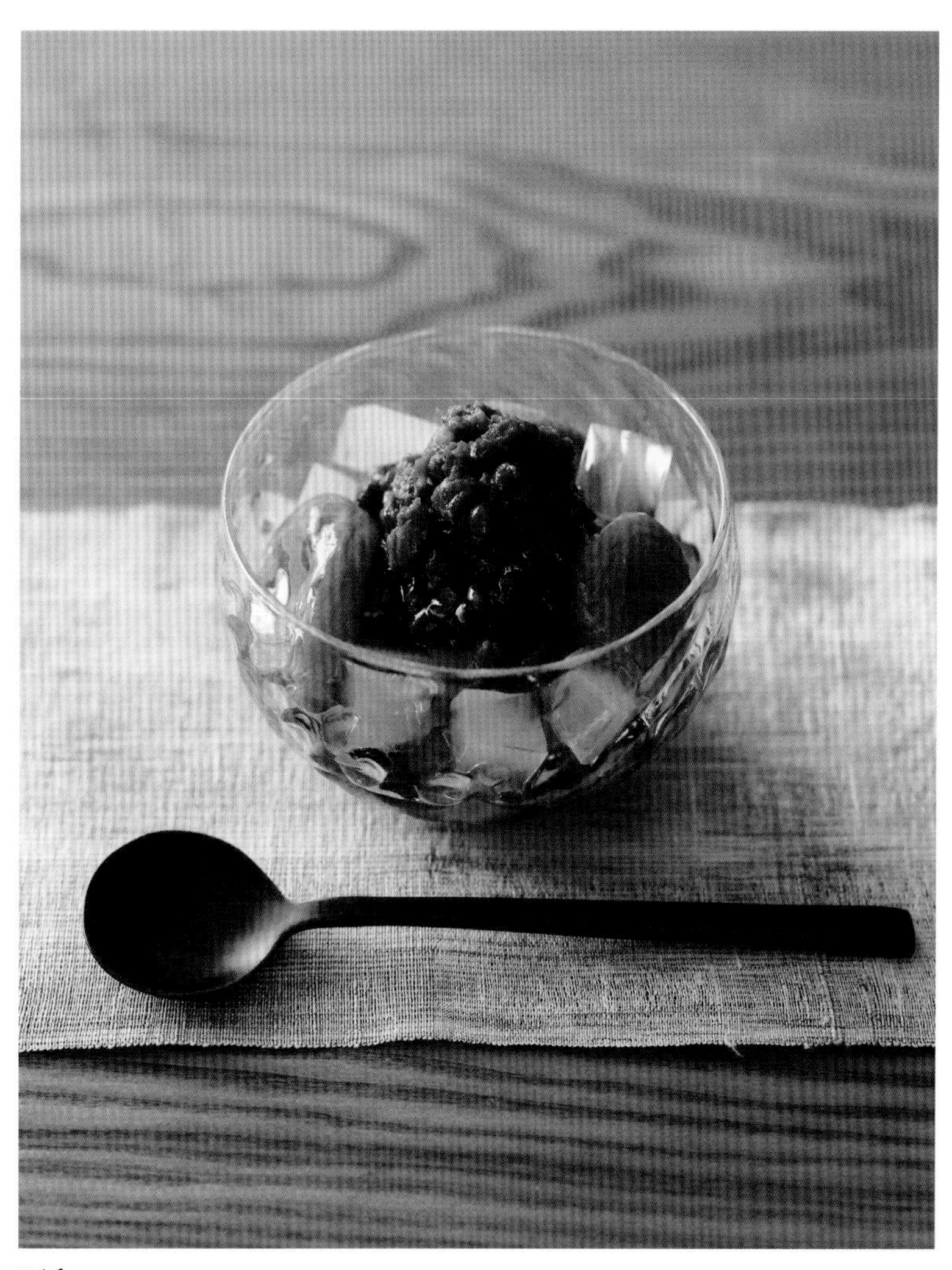

昭和57.8.8

作りやすい分量
寒天
　棒寒天　1本
　水　600mℓ
あんこ
　小豆（乾燥）　300g
　水　1.2ℓ
　グラニュー糖　110〜120g
　塩　少々
あんずのシロップ煮
　ドライアプリコット　12枚
　白ワイン　100mℓ
　水　100mℓ
　グラニュー糖　大さじ1
黒みつ　適量

寒天を作ります。棒寒天を適当にちぎり、水（分量外）でふやかし、やわらかくなったら水気を絞ります。鍋に寒天と分量の水を入れて弱火で煮溶かし、ほぼ完全に溶けたら濾します。濡らしたバット（流し缶があると便利です）に注ぎ、粗熱をとり、冷蔵庫へ入れます。固まったら角切りにします。

あんこを作ります。小豆を水で洗い、鍋に入れて水（分量外）を加え強火にかけます。沸騰したらすぐにザルにとり、茹で汁をすてます。鍋に小豆を戻し、分量の水を加えて中火にかけます。沸騰したら火を止め、ふたをして20分間蒸らします。再び火にかけて、はじめは中火で、沸騰したらふたを少しずらして弱火で40分〜1時間、ときどきアクをすくいながら煮ます。やわらかくなったら、小豆の高さの半量まで茹で汁をすて、弱火にかけ、グラニュー糖を3回に分けて入れます。ぐらぐら煮てしまうとすぐに皮がはじけてしまいます。焦げないようにヘラで静かに混ぜ、水分が減ってきたら塩を入れます。ヘラでとり分けられるくらい煮詰まったら、バットに移して粗熱をとってください。

あんずのシロップ煮を作ります。小鍋で白ワインを弱火で沸かし、軽くアルコールを飛ばしてから水を加え、グラニュー糖を溶かし、ドライアプリコットを加えます。一煮立ちしたら火を止めてなじませます。

黒みつはP94のわらび餅のレシピで自家製してもよいです。

器に、角切りにした寒天、あんこ、あんずのシロップ煮を飾り、黒みつを添えたらできあがりです。

ココナッツあんこ焼きもち

6〜8個分
生地（混ぜておく）
　薄力粉　60g
　白玉粉　20g
　ココナッツミルク　150g
　砂糖　大さじ½〜1と½
　水　大さじ2
あんこ　適量
油　適量

フライパンにうすく油をひき、手のひら大に生地を焼き（両面）、あんこをのせて広げ、くるくると巻いたら完成です。

生地ははじめはダマになりますが、少しおいて再び混ぜるとなめらかになります。

あんこが余ったらこんな使い方は？　日本と同じような小豆のある国、ベトナムの映画で観たお菓子をヒントにしました。

トマト野菜そうめん

そうめん　3〜4束
レタス　適量
セロリ　1本
みょうが　2本
小ねぎ　5本
卵　1個
ハム（薄切り）　5枚
めんつゆ（作りやすい分量）
水　500mℓ
昆布　5g
煮干し　10尾
かつおぶし　10g
薄口しょうゆ　80mℓ
みりん　60〜80mℓ

トマトおろしダレ
トマト（中）　2個（300g）
昆布だし　100mℓ
梅干し（刻む）　大さじ1
塩　小さじ1
オリーブオイル　適量

めんつゆを作ります。鍋に水、昆布、頭と腹ワタをとった煮干しを入れて30分おきます。かつおぶし、薄口しょうゆ、みりんを入れて、弱めの中火にかけます。沸いたら弱火にし、5分ほど煮て火を止め、濾して、粗熱をとり冷やします。

トマトおろしダレを作ります。昆布だしに、すりおろしたトマト、梅干しを加え、味をみながら塩でととのえます。冷やして、食べるときにオリーブオイルをお好みで。

錦糸卵を作ります。卵に塩をひとつまみ（分量外）入れ、うすく焼いて、細切りにし、ハムの千切りと盛り付けます。セロリはすじをとり斜め薄切りに、レタス（サンチュでも）は太めの千切りにし和えます（大葉を入れてもよいです）。みょうがと小ねぎは小口切りにします。

そうめんを茹で、流水にとり氷水で冷やして、水気をきって器に盛ります。

沢村さんにとってそうめんは夏の定番おやつ。昔ながらのつゆだけでなく、夏にふさわしい赤い食材を組み合わせたタレを考えてみました。

うづら春雨のお汁

昭和41.6.7

春雨　20g
干しえび　10g
ぬるま湯（干しえびをもどす）　100㎖
チンゲンサイ　½株
しょうが　⅓片
にんにく　1片
長ねぎ　10㎝
うずらの卵（水煮）　6個
ごま油　小さじ2＋少々
鶏スープ　500㎖
ナンプラー　大さじ1
塩　小さじ½
こしょう　少々

春雨は水につけておきます。干しえび（または桜えび5g）はぬるま湯に浸しておきます。チンゲンサイは食べやすく切ります。しょうがとにんにくはスライスし、長ねぎは斜め薄切りにします。

ごま油小さじ2としょうが、にんにく、もどして水気をきった干しえびを鍋に入れて弱めの中火にかけます。香りがたったら、鶏スープとえびのもどし汁を加えます。沸いたら水気をきった春雨とうずらの卵、チンゲンサイ、長ねぎを入れ、ナンプラーを加えます。塩、こしょうで味をととのえ、ごま油をひとたらししたら完成です。

玉ねぎの冷いスープ（ゼラチン）

昭和56.7.8

玉ねぎ　1個（280g）
塩　少々＋小さじ1
オリーブオイル　適量
牛乳　400mℓ
こしょう　適量
粉ゼラチン　5g
湯（80℃。ゼラチンを溶かす）　50mℓ
生クリーム　適宜
パルメザンチーズ　適宜

玉ねぎを皮付きのままヨコ半分に切り、塩とオリーブオイルを少々かけて220℃に予熱したオーブンで50分、こんがりあめ色に焼きます。様子を見て、黒く焦げそうならアルミホイルをかぶせます。焼けたら皮をむきます。フライパンで作る場合は、玉ねぎの皮をむき、3等分に輪切りします。オリーブオイルをひいて玉ねぎをのせ、塩をふりアルミホイルで軽くふたをし、強めの弱火で片面約10分ずつじっくり焼きます。

玉ねぎ、牛乳、塩小さじ1、こしょう少々をミキサーにかけ、スープ状にします。湯で溶かした粉ゼラチンを、混ぜながらスープに溶かし、冷蔵庫で冷やします。

器に盛り、オリーブオイル、こしょう少々、お好みで生クリームと削ったパルメザンチーズをトッピングします。

たらこのかすづけ

昭和58.7.28

たらこ　1腹
大葉　1〜2枚

かす床（混ぜておく）
酒かす　200g
酒　大さじ3〜4
みそ　大さじ1〜1と½
砂糖　小さじ1
塩　小さじ½

ラップにかす床を広げ、ガーゼで包んだたらこをのせ、上にもかす床をまんべんなく塗って包みます。1日寝かせると、ほんのりとした酒かすの味、2日なら中の中まで味がしみます。一口大に切り、器に盛り、大葉とかす床をそえます。たらこを漬けたあとのかす床に肉や魚を漬け、焼いてもおいしいです。

ひじきとあぶらげ

昭和48.6.1

ひじき（乾燥）　30g
油あげ　1枚
にんじん　⅓本（70g）
油　小さじ2

砂糖　小さじ1
しょうゆ　大さじ2
だし　200㎖
みりん　大さじ2

ひじきを水でもどしてザルにあげ、水気をきります。油あげは8㎜幅の短冊に切り、にんじんは細切りにします。鍋に油をひき、中火にかけ、少し温まったら砂糖、しょうゆを入れ、香ばしくなってきたらひじきをさっと炒め、だし150㎖、みりん、油あげを加え、落としぶたをして、弱火で7〜8分煮ます。ひじきが固ければ残りのだしを足してさらに煮ます。ほとんど汁気がなくなったら完成です。

秋

秋のおやつ

クッキー

幸運と不運が、そこに、どんな割合で、どんな順序でかくされているのか、誰も知らない。（中略）／幸運がパッと輝いたとき、人間はツイている、と喜び、次に不運がモソッと顔を出してくると、ツイてないなとがっかりする、人生はそうした浮沈のくり返しのような気がする。（せめて一点やって！『わたしの脇役人生』ちくま文庫）

平成 3.10.10

クッキー
・プレーン　・セサミ　・ココア

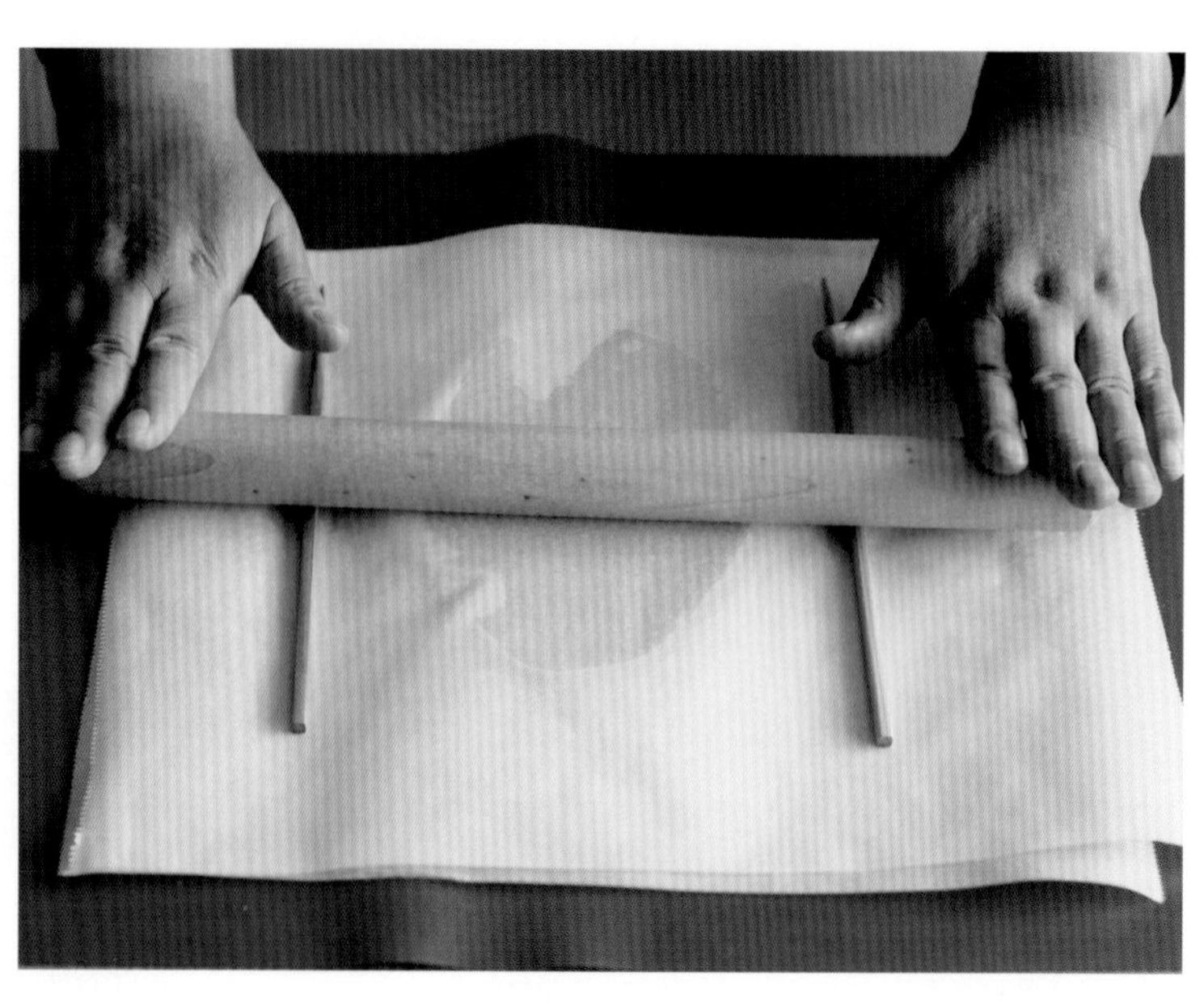

作りやすい分量
プレーン
　薄力粉　150g
　バター（無塩）　70g
　溶き卵　25g
　きび砂糖　60g
　塩　ひとつまみ

セサミクッキーなら以下を加える
　白いりごま　小さじ2

ココアクッキーなら以下を加える
　ココアパウダー　30g
　（薄力粉を同量減らす）

バターは1cm角に切り、冷蔵庫に入れておきます。

ボウルに薄力粉をふるい入れ、冷やしたバターを入れ、指の腹でつぶしながら、手早くすり合わせ粒状にします。さらに、手のひらで粒をすり合わせるようにして、全体をサラサラにします。

溶き卵、きび砂糖、塩を加え、ゴムべらで混ぜます。なじんできたらボウルに押しつけて練ります。なめらかになったらひとつにまとめます。

生地をオーブンシートではさみ、麺棒で5mm厚に伸ばします（両端に菜箸を置くと、均一に伸ばしやすいです）。シートではさんだまま冷蔵庫で1時間以上休ませます。

オーブンを170℃に予熱します。生地を抜き型で抜いてオーブンシートごと天板にのせ、170℃で10分、160℃で5〜8分焼きます。ケーキクーラーにのせて冷まします。

セサミクッキーにするなら、生地をひとまとめにしているときに、白いりごまを混ぜます。型抜きしたらトッピングもしましょう。ココアクッキーなら、溶き卵などを入れるタイミングでココアパウダーを混ぜます。プレーンの生地を分けて、複数の種類のクッキーを作ることもできます。

クッキー
・アールグレイレモン　・チーズスパイス

作りやすい分量
薄力粉　120g
アーモンドパウダー　30g
バター（無塩）　70g
溶き卵　25g
きび砂糖　45g
塩　少々

アールグレイレモンクッキーなら
以下を加える
アールグレイ茶葉　小さじ1
レモンの皮　1個分
レモン汁　小さじ2

チーズスパイスクッキーなら
以下を加える
パルメザンチーズ　大さじ6
シナモンパウダー　小さじ½
カルダモンホール（刻む）　小さじ¼
トッピング
塩　少々
黒こしょう（粗びき）　少々

薄力粉と一緒にアーモンドパウダーをふるう以外、生地の作り方はプレーンと同様です。生地がまとまったら、アールグレイレモンクッキーかチーズスパイスクッキーの材料を加えます。パルメザンチーズはトッピング用に少し残しておきます。

アールグレイレモンの生地はゆるいので、絞り袋に入れ、絞り出します。チーズスパイスは生地を丸めて、指でつぶし、塩、黒こしょう、チーズをトッピングします。

焼き方は、プレーンと同様です。

生地を半分に分けて、2種類作ることもできます。

秋の献立――①

とんかつ
（一口かつ　ブランソース）
サラダ
うに
みそ汁
（ゆば）

まあ面倒くさいと言えば面倒くさいんですけど、でも、大きな病気したくないでしょ。そう思うとね、結構いろいろと楽しんでこしらえて、それでうまいと思って、お腹が一杯になって、優しい心になったらいいんじゃないかと思ってます。食べ物には私とっても熱心なんです。（盛りつけの工夫『わたしのおせっかい談義』）

昭和 46.11.5

うにの昆布だしジュレ

うに　40g
ジュレ
昆布だし　100㎖
塩　ひとつまみ
粉ゼラチン　小さじ½（1.2g）
青ゆずの皮　少々

ジュレを作ります。昆布だしを80℃くらいに温め、塩と粉ゼラチンをふり入れて溶かします。粗熱がとれたら冷蔵庫で冷やし固めます。

器にうにを盛り、ジュレをのせて、青ゆずの皮を削りながらふりかけたら完成です。

献立日記には「うに」とのみ。やはり、わさびじょうゆでしょうか。私は、オードブルのように仕立ててみました。

サラダ

キャベツ　⅛個
春菊　¼束
ピンクグレープフルーツ　½個
ドレッシング
　梅干し（刻む）　小さじ1
　ホワイトバルサミコ酢　大さじ3
　油　大さじ1

キャベツは千切りにし、春菊は葉をつまんで食べやすい大きさに切ります。それぞれ水に放ってシャッキリとさせ、水気をきります。ピンクグレープフルーツは、薄皮もむいて、果肉だけを小さくほぐし、キャベツ、春菊と和えます。

ドレッシングを作ります。梅干しをボウルに入れ、ホワイトバルサミコ酢を加え、ホイッパーで混ぜたら、油を少しずつたらしながら混ぜます。ホワイトバルサミコ酢のかわりに、同量のワインビネガーを使ってもいいです。そのときには、砂糖かはちみつで甘みをつけます。

とんかつ（一口かつ　ブランソース）

豚ヒレ肉（ブロック）　250g
塩　少々
こしょう　少々
薄力粉　適量
卵　1個
パン粉　適量
油　適量
ブランソース
　まいたけ　50g
　干ししいたけ　1個
　干ししいたけのもどし汁
　　50〜80㎖
　バター　大さじ2
　薄力粉　大さじ2
　牛乳　200㎖
　塩　小さじ½
　こしょう　少々
　ナツメグ　少々
　薄口しょうゆ　適量
　レモン汁　大さじ½

豚ヒレ肉を1.5㎝厚に切り、塩、こしょう、薄力粉、溶いた卵、パン粉を順につけます。

ブランソースを作ります。まいたけともどした干ししいたけを粗みじん切りにします。小鍋にバターを入れて弱火にかけ、きのこを炒めます。2〜3分炒めたら薄力粉を加え、粉っぽさがなくなるまでさらに炒めて火を止め、牛乳を加えてゴムベラでしっかり混ぜます。ふたたび弱火にかけ、とろみがつくまで加熱します。しいたけのもどし汁を加え、塩、こしょう、ナツメグで味をととのえます。仕上げに味をみながら薄口しょうゆをたらし、レモン汁を加えます。冷めると固くなるので、少しゆるめに仕上げましょう。固すぎるときは、しいたけのもどし汁でのばしてもよいです。

衣をつけた豚肉を約170℃の油で色よく揚げます。ヒレカツを皿に盛り付け、温かいブランソースをかけます。

「ブラン」はフランス語で「白」ですから、こんなソースかな？　と想像しながら、秋のきのこと合わせたホワイトソースにしてみました。

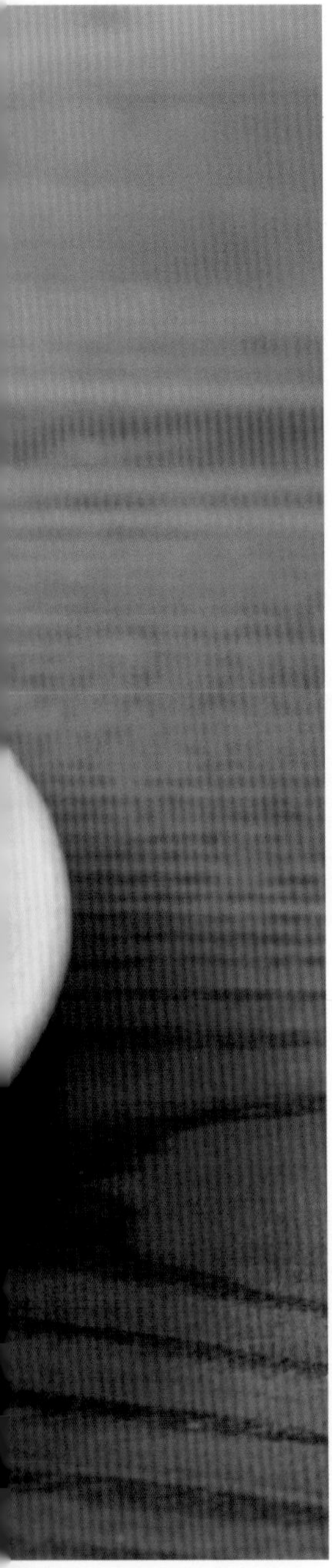

秋の献立——②

かにの卵まきあげ
もんこいかのたらこ和へ＊
ほうれん草のお浸し
わかめの味噌汁

疲れすぎて食欲のないときなど、一枚の山椒（さんしょう）の葉、一切れの柚子（ゆず）にひかれて箸をとることも多いから、色も香りも粗末に出来ない。とにかくそのとき、美味しそうな、と思うようなものをあれこれ取り合わせて、その日の献立を考えることがなにより大事なことだと私は思っている。（献立日記『わたしの台所』）

＊レシピはP182。

昭和 42.10.6

かにの卵まきあげ

かに缶　1缶（75g）
卵　4個
長ねぎ　½本
片栗粉　小さじ½
酒　大さじ½
塩　小さじ⅓
油　適量
あん
　だし　200㎖
　薄口しょうゆ　小さじ2
　片栗粉　小さじ2
　おろししょうが　少々

長ねぎは白髪ねぎにしておきます。

あんを作ります。小鍋にだしを入れ、中火で沸騰させたら薄口しょうゆで味をととのえ、倍量の水（分量外）で溶いた片栗粉を加えてとろみをつけます。

卵液を作ります。ボウルに片栗粉と、かに缶を汁ごと入れて混ぜ、卵、酒、塩も加えてさらに混ぜます。

卵焼き器に油をひき、卵液を数回に分けて焼きながら巻きます。

焼き上がった卵を半分に切り、温かいあんをかけ、白髪ねぎとおろししょうがをのせたら完成です。

ほうれん草のお浸し

ほうれん草　1束（200g）
だし　150㎖
薄口しょうゆ　大さじ1
ゆず果汁　適量
ゆずの皮　適量

ほうれん草は塩茹でし（塩は分量外）、冷水にとって軽く絞り、4㎝くらいの長さに切ります。だしに薄口しょうゆを加え、ほうれん草を浸します。味がなじんだら器に盛り、ゆず果汁をかけ、皮をのせます。

P118の引用は、沢村さんの残した文章の中で私がとりわけ好きなもののひとつです。ほうれん草のお浸しのような定番の料理も、単なる作業として作るのと、ちょっと考えて作る（その結果、いつも通り作ることになっても）のでは、やっぱり仕上がりが違うと思います。

秋の献立──③

ロールキャベツ
（こなふき芋といんげんの塩ゆでの付合）
あじの干物
豆腐油揚の味噌汁

私ね、生活の基（もと）は、なんといったって食べ物だと思います。だから、台所大好き。一日のうち、起きている時間の三分の二は台所にいます。（あと何回食事ができるか？『わたしのおせっかい談義』）

昭和 44.10.20

ロールキャベツ

8個分
キャベツ　1個
（大きめな葉を12枚使う）
タネ
豚ひき肉　200g
木綿豆腐　100g
玉ねぎ（粗みじん切り）　¼個分
おろしにんにく　小さじ¼
卵　½個
片栗粉　大さじ1
塩　小さじ½
黒こしょう　少々
ナツメグ　少々
スープ
トマト　1個（200g）
だし　350㎖
塩　小さじ⅔
こしょう　少々
オリーブオイル　適量
つけあわせ
じゃがいも　1個
いんげん　6本

キャベツは芯をくり抜きます。くり抜いたほうを下にして、大鍋で、丸ごと塩茹でします（塩は分量外）。2〜3分したら、静かにひっくり返します。茹でるうちに、葉がはがれやすくなるので、一枚ずつとり出して、ザルにあげます。

大きめな葉を12枚使います。そのうち内側の小さい4枚は、タテ半分に切ります。芯が厚いものは、そいでおきます（とった芯はみじん切りにして、タネに加えます）。

タネを作ります。材料をすべて混ぜ合わせます。できあがったら8つに分けます。

キャベツでタネを包みます。半分にした葉にタネをのせ、巻きます。これを大きな葉でさらに巻きます。最後に、両脇のキャベツを内側に押し込みます。タネに近いところから少しずつ押し込むのがコツです。

包み終わったら、鍋に並べ、だしと塩の半量を加え、落としぶたとふたをして中火にかけます。沸騰したら弱火にし、20分煮ます。落としぶたをとり、すりおろしたトマト（ヘタの近くは包丁で刻みます）を加えてふたをし、さらに10分煮ます。味をみて、残りの塩を足し、こしょうをふります。

キャベツを器に盛り、スープを2〜3分強火で煮詰め、オリーブオイルをたらし、キャベツにかけます。

皮をむき塩茹でして粉吹きにしたじゃがいもと、塩茹でしたいんげんを添えます（ともに塩は分量外）。

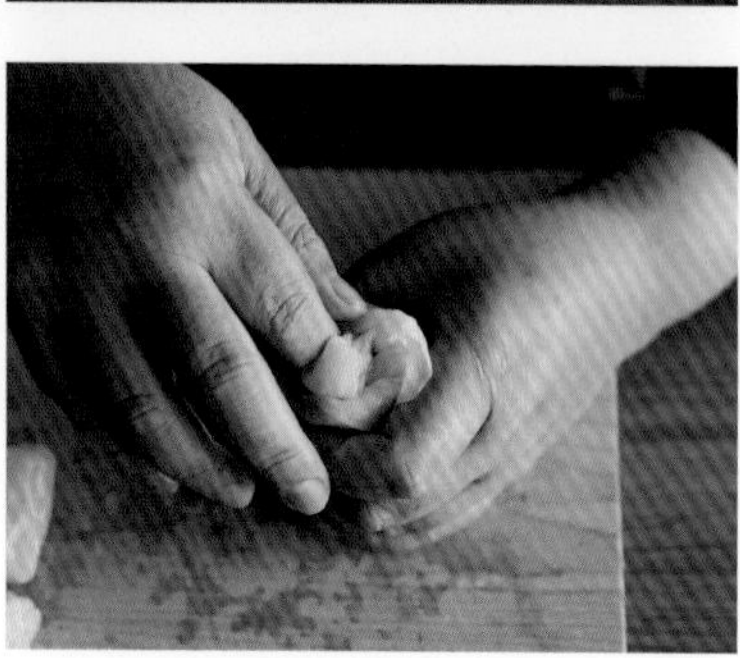

秋の献立——④

えびさつま芋のかき揚
納豆
胡瓜、しらす干の酢物
大根揚の味噌汁

献立につまると、あり合わせの玉ねぎに桜えびとか、いかとさつま芋など、合い性のいいものを手当り次第に揚げたりして……それがうまくいったときの嬉しいこと——いっぱしの料理上手になったような気がする。(だんどり『わたしの献立日記』)

昭和 43.11.4

えびさつま芋のかき揚／ハムしいたけさつま芋のかき揚

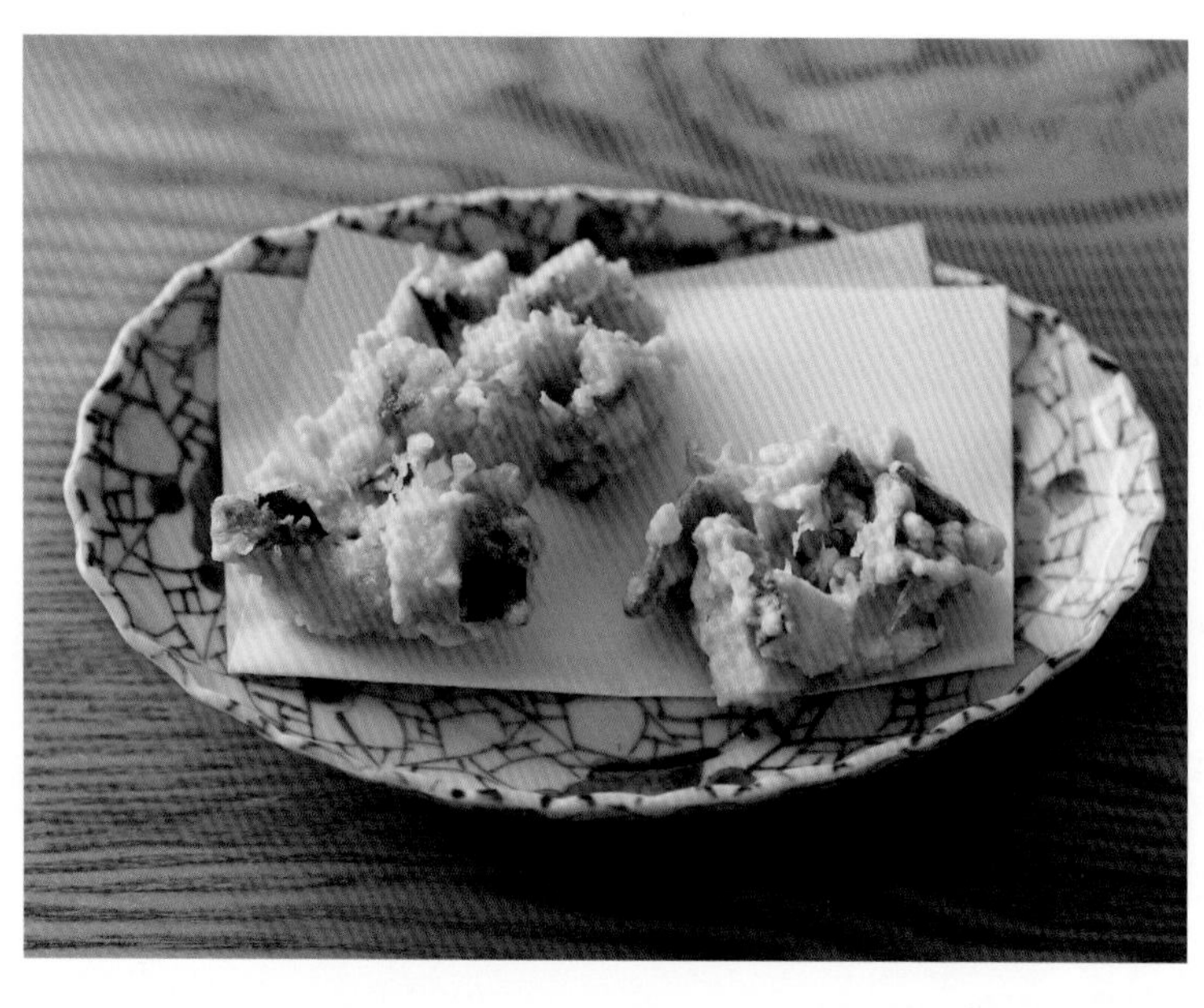

えび　5尾（90g）
さつまいも　200g
ハム（薄切り）　3枚（45g）
しいたけ　3枚
油　適量
衣
　卵　1個
　冷水　180〜200mℓ
　薄力粉　100g
塩　適量

えびは殻をむき、背ワタをとります。塩（分量外）をまぶして揉み、水で洗い、水気をきり、1cmに切ります。さつまいもは皮のまま、1.5cm角のさいの目に切り、水に浸してから、水気をきります。ハムは1cm角の色紙切りに、しいたけは石づきをとって、さいの目切りにします。

衣を用意します。よく冷やした卵をボウルに割り、冷水を注いで混ぜ、3回に分けて薄力粉をふるいながら入れ、全体を軽く混ぜます。

衣をつけます。「えびとさつまいも」「ハムとしいたけとさつまいも」の組み合わせでそれぞれ、具材をボウルに入れ、薄力粉大さじ1（分量外）をまぶしてから衣を適量入れて混ぜ、160〜170℃に熱した油に1つ分ずつスプーンですくって入れて、揚げます（各種4〜5つずつできます）。油をきったかき揚を器に盛り付け、塩をふります。

沢村さんはえびを合わせていますが、私もさつまいもに合う具材を考えてみました。

胡瓜、しらす干の酢物

きゅうり　1本
しらす　20g
三杯酢（混ぜておく）
　酢　大さじ3
　砂糖　大さじ⅔～1
　薄口しょうゆ　大さじ½

きゅうりを薄い輪切りにし、塩（分量外）を軽くふり、しんなりしたら水で洗って絞ります。きゅうりを三杯酢大さじ1とさっと和えて、しらすを加え、残りの三杯酢を加えてさらに和えます。砂糖の量はお好みで。すっぱいのが苦手なら、三杯酢にだしか水を大さじ1～2加えてください。

みそ玉ねぎ納豆

納豆　2パック（80g）
玉ねぎ　½個
ごま油　小さじ1
みそ　小さじ2
白いりごま　適量
一味唐辛子　適量
のり　1～2枚

玉ねぎは繊維に沿ってスライスして水にさらし、水気をきります。ボウルで玉ねぎをごま油と和えます。納豆とみそも加えて混ぜ、器に盛り、白いりごまと一味唐辛子をふります。のりで巻いて召し上がれ。こんな食べ方、どうでしょう。沢村さん。

秋の献立——⑤

はまちのぬた
とりとじゃがいものふくめ煮
ほうれん草おひたし
わかめのみそ汁

食欲というのは、ほんとにすさまじいもの、と我ながら呆（あき）れるけれど……ちょっと、いじらしいところもあるような気がする。（食と生活『わたしの献立日記』）

昭和 49.11.27

かんぱちのぬた

かんぱち　½さく（130g）
水菜　適量
ぬたみそ（作りやすい分量。混ぜておく）
　みそ　大さじ2
　砂糖　大さじ1と½
　酢　大さじ½〜1
　ディジョンマスタード　大さじ½
　和からし　少々

かんぱちをそぎ切りにします。水菜は食べやすく切り、水に放ってシャッキリとさせ、水気をきります。

器に水菜とかんぱちを盛り、ぬたみそを適量かけたら完成です。

和からしに、ディジョンマスタードを合わせると、辛みがマイルドになります。

献立日記ははまちでしたが、ちょうど、おいしそうなかんぱちが手に入ったので、変更しました。

とりとじゃがいものふくめ煮

鶏もも肉　1枚
じゃがいも　3個
だし　600㎖
みりん　大さじ1
薄口しょうゆ　大さじ2

鶏もも肉は8つに切り、じゃがいもは皮をむき、くし切りにします。

鍋にだしとじゃがいもを入れて中火にかけ、沸いたら弱火にし、10分煮てじゃがいもが固めに火が通ったら、鶏肉を入れます。沸いたらアクをとり、みりん、薄口しょうゆを入れて5分煮たら、火を止めて10分ほど味を含ませます。

長芋のそぼろあんかけ（とろろ芋、とり、グリンピース）

昭和57.11.28

長芋　400g
あん
グリーンピース（むき）　50g
鶏ひき肉　100g
酒　大さじ2
水　大さじ2
だし　100mℓ
薄口しょうゆ　大さじ1と½
砂糖　小さじ2
片栗粉　大さじ1

長芋は2cmの厚さに切って塩茹でします（塩は分量外）。

その間に、あんを作ります。グリーンピースは塩茹でします（塩は分量外）。鶏ひき肉は酒と水でほぐしておきます。鍋にだしを沸かし、鶏ひき肉を酒と水ごと入れてほぐしながら中火にかけます。ふたたび沸いたらアクをとり、弱火にし、薄口しょうゆ、砂糖で味をつけ、倍量の水（分量外）で溶いた片栗粉でとろみをつけ、グリーンピースを加えて一煮立ちさせます。

長芋が、箸がスッと通るまで煮えたら水分をきって粗くつぶし、器に盛り、あんをかけます。

ちくわとピーマンみょうがしらすのうす味煮

平成元.9.29

ちくわ　1本
ピーマン　2個
みょうが　6本
油　小さじ1
水　50㎖
薄口しょうゆ　大さじ½
塩　ひとつまみ
バター　10g

ちくわは5㎜厚の小口切りに、ピーマンはヘタと種をとり、5㎜厚の斜め切りに、みょうがはまずタテ半分に切って、さらにタテに3つに切ります。

フライパンに油をひき、中火にかけ、ちくわ、ピーマン、みょうがを入れて炒めます。水、薄口しょうゆ、塩、バターを入れ、しんなりと炒まってきたら完成です。

献立日記にあるように、しらすを加えてもよいです。

友達からみょうがをたくさんもらうことがあります。「どうやって食べるのがおすすめ？」と聞いたら、バターしょうゆ炒めが簡単でおいしい、と教わって以来、よく作っていました（ハムやじゃこを入れてもおいしいです）。それを応用して、うす味煮に仕立ててみました。

ささみの梅あえ（ささみ、玉ねぎ、梅干し、ゴマ）

昭和62.11.19

ささみ　3本
玉ねぎ　¼個
白いりごま　小さじ½

合わせ調味料（混ぜておく）
梅干し（刻む）　大さじ1
油　小さじ1
しょうゆ　小さじ½
砂糖　ひとつまみ

新鮮なささみを用意します。中が半生くらいになるように茹でて（しっとり中まで火を通してもよいです）、氷水にとります。水分を拭きとって、薄いそぎ切りにします。玉ねぎは繊維に沿ってスライスし、水にさらし、水気をきります。

合わせ調味料と、ささみ、玉ねぎ、白いりごまを和えたらできあがりです。

炒り蕪（こかぶ、油あげ）

平成元.11.25

かぶ（葉付き）　2〜3個
油あげ　1枚
油　小さじ1

しょうがじょうゆ（混ぜておく）
おろししょうが　小さじ½
しょうゆ　小さじ2
水　小さじ2

フライパンに油を熱し、皮付きのまままくし形に切ったかぶと、油抜きして大きめの短冊切りにした油あげを中火で焼きます。かぶの片面に焼き色がついたらひっくり返し、上にざく切りにした葉をのせ、焼き色がついたら全体をさっと炒め合わせ、葉がしんなりしたらしょうがじょうゆを加えてさらに軽く炒めます。献立日記ではじめて知った料理です。かぶは火が通りやすいので炒めものに向くんですね。

冬

冬の献立——①*

おせち料理
まぐろとひらめのおさしみ
お雑煮
(みつば、とり肉、ゆず)
おとそ——ぶどう酒

もてあましたこだわりをとかすには丁度いいとき——お正月をむやみに目出たがるのは……昔の人の生活の知恵のような気がする。(年賀状・心のふれあい『わたしの脇役人生』)

*昭和57年1月1日の朝の献立「お雑煮(みつば、とり肉、ゆず)/おせちお重/おとそ—ぶどう酒」と、夜の献立「おせち料理/まぐろとひらめのおさしみ/みそ汁(おとうふ、油あげ)」から抜きだして、献立を作ってみました。

昭和 57.1.1

昭和57年のおせち料理

献立日記21冊目の冒頭に、おせち重の内容や準備がまとめられていました。

◎一の重

- 七色なます（にんじん、大根、しいたけ、きゅうり、油揚げ、しらたき、ゴマ）
- 黒豆ふくめ煮＊
- イクラのきんかんづめ

◎二の重

- 紅白かまぼこ
- たたきごぼう
- 伊達まき
- しいたけのうま煮
- かずのこ
- 栗の渋皮煮
- くわいの旨煮
- こぶまき
- れんこんの白煮

◎三の重

- 吹きよせ（やつがしら、にんじん、こんにゃく、とり肉、やきどうふ、さやえんどう）

◎ほかに用意　まぐろ4サク、ひらめ4サク、牛肉（三つ輪ロース）、栗の渋皮煮（松村達雄氏夫人より）、おとうふ、やきどうふ（西川屋、井筒やより）

一の重

七色なます

作りやすい分量

大根　¼本（300g）
金時にんじん　⅓本（100g）
しいたけ　2枚
きゅうり　1本（100g）
油あげ　1枚
しらたき　100g
だし　大さじ5
塩　小さじ⅓
白すりごま　大さじ2
合わせ酢（混ぜておく）
　酢　90㎖
　砂糖　大さじ2
　塩　小さじ½

大根、金時にんじんは皮をむき、1㎝幅の短冊切りに、しいたけは石づきをとり薄切りにします。きゅうりは3～4㎝に切ってからタテ半分にし、種の部分をVの字に切ってとり除き、タテにスライスし、塩（分量外）をふり、水分が出たらキッチンペーパーではさんで拭きとります。油あげは油抜きし、ヨコ半分に切ってから細切りにします。しらたきはさっと茹でてアク抜きをし、食べやすい長さに切ります。

鍋に大根、金時にんじん、しいたけ、油あげ、しらたきを順に重ねて入れ、だしと塩を加えて、ふたをして中火にかけます。沸騰したら火を弱め、ときどき混ぜながら5分ほど煮て、水分がほぼなくなったら火を止め、水分をすて、合わせ酢と白すりごまを加えて和えます。バットに広げて粗熱がとれたらきゅうりも混ぜます。

イクラのきんかんづめ

きんかんのお尻の部分を少し切って座りをよくし、ヘタが付いているほうも切り（ヘタはふたにする）、中身を出し、イクラを詰めます。

＊レシピはP179。

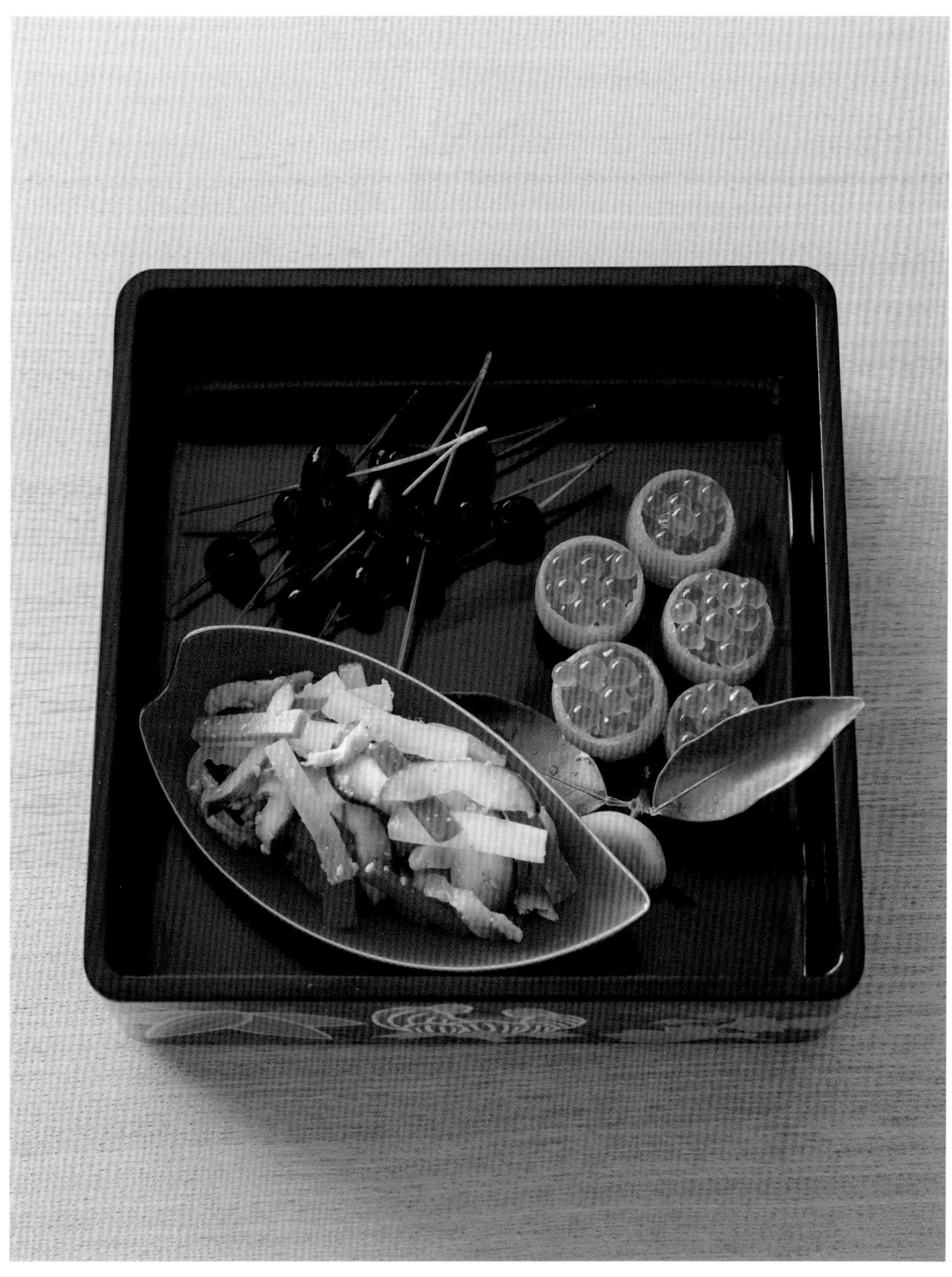

二の重

たたきごぼう

作りやすい分量
ごぼう　1本（200g）
和え衣
　白いりごま　大さじ3
　薄口しょうゆ　大さじ1と½
　みりん　大さじ1
　酢　大さじ½

和え衣を作ります。すり鉢で白いりごまをすり、油を感じたら、薄口しょうゆ、みりん、酢を加えて混ぜます。

ごぼうはたわしで洗って15cmに切りそろえ、タテ半分にします。鍋に1ℓの湯を沸かし、酢大さじ1（分量外）を加えて、やわらかくなるまで茹でます。水気をきって、すりこぎで軽くたたき、太いものはさらにタテ半分に切ります。長さを5cmくらいに切りそろえ、熱いうちに和え衣と和え、冷まして味をなじませます。

れんこんの白煮

作りやすい分量
れんこん　1節（250g）
梅干し　1個（18g）
だし　400mℓ
砂糖　大さじ2
塩　小さじ⅔

れんこんを7mm厚の輪切りにし、酢水（水500mℓに酢小さじ1。分量外）につけます。

れんこんを水洗いし、鍋にだしとともに入れて中火にかけます。沸いたら砂糖を加えて弱火にし、5分煮たら、梅干し、塩を加えます。れんこんがやわらかくなったら火を止め、そのまま冷まして味を含ませます。

しいたけのうま煮

作りやすい分量
干ししいたけ（小）　10〜15枚
干ししいたけのもどし汁　300mℓ
砂糖　大さじ1〜1と½
みりん　大さじ1と½
しょうゆ　大さじ1と½

干ししいたけをもどして石づきをとり、もどし汁と鍋に入れ、中火にかけます。沸騰したら砂糖、みりんを加えて弱火にし5分煮て、さらにしょうゆを加えて落としぶたをして15〜20分、煮汁がほぼなくなるまでコトコト煮ます。

八角を入れて煮れば中華風に。おつまみにも、シンプルなラーメンにもぴったりです。

伊達まき

作りやすい分量
卵液
　卵　3個
　はんぺん　120g
　だし　大さじ2
　砂糖　大さじ1と½
　みりん　大さじ1
　塩　小さじ⅓
油　少々

卵液を作ります。材料をフードプロセッサーにすべて入れてまわし、なめらかになったらザルで濾します。

卵焼き器はタテ18×ヨコ13×深さ3cmのものを使いました。小さいと、卵が分厚くなりすぎて、巻きづらいので、卵液の量を減らしてください。

コンロに焼き網を置いてから卵焼き器をのせ、ごく弱火にかけ、油をうすくひき、卵液をすべて入れます。木ぶたなどでふたをして、弱火でときどき火の位置を変えながら20〜30分焼きます。上が2〜3割焼けていないくらいがひっくり返す目安です。フライ返しとふたを使ってひっくり返して、あまり焼き目がつかないように裏面も少し焼きます。

まな板の上の鬼すだれにとり出し、短い辺を手前にし、巻きやすいように手前は2cm間隔に2本ほど、奥のほうは4cm間隔で3本くらい切り目を入れます。はじめは鬼すだれを巻き込んで(下段左端写真)ゆるめに巻いて10分おきます。鬼すだれをはずして、こんどは巻き込まないように、手前からきつめに巻きなおし(上段写真)、とじ目を下にして両端を輪ゴムで止めて10分おきます。切り分けて、盛り付けます。

かずのここんぶ

作りやすい分量
塩かずのこ　１２０g
大根　１２０g
細切り昆布　10g
みりん　80㎖
酒　80㎖
薄口しょうゆ　40㎖

塩かずのこを塩水（水1ℓに塩小さじ1。分量外）に一晩つけ、そのままおいしく食べられる塩気まで塩抜きします。しょっぱければ塩水を少しすて、新しく水を足し、さらに浸します。白いすじをとり、食べやすい大きさに手で割ります。大根はいちょう切りにし、塩（分量外）をふって10分おき、水気をきります。鍋に、みりん、酒を入れて一煮立ちさせて火を止め、薄口しょうゆを加えます。冷めたらかずのこ、大根、細切り昆布を加えて半日～一晩なじませます。

スタンダードなかずのこはＰ１７４で紹介しました。

こぶまき

約3本分
日高昆布　120g
かんぴょう　20g
鮭（甘塩）　3切
昆布のもどし汁　800㎖
酒　大さじ3
酢　大さじ½
砂糖　大さじ2＋大さじ1
しょうゆ　大さじ2＋大さじ1

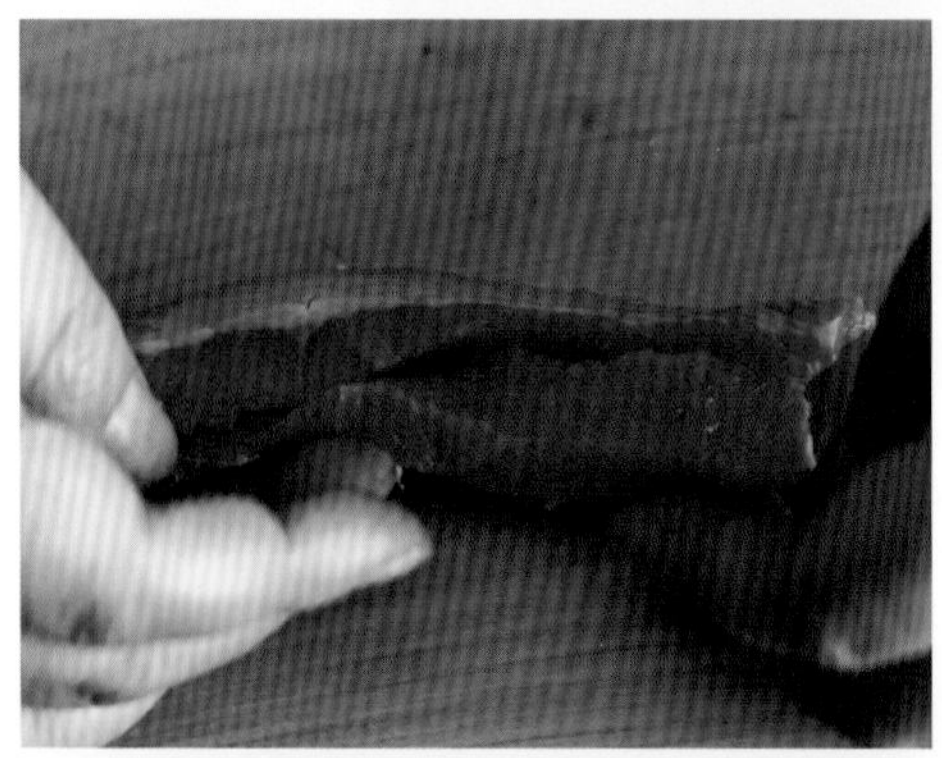

日高昆布は洗ってからたっぷりの水に30分くらい浸し、やわらかくもどします。かんぴょうは水でさっと洗い、水に浸し、もどしてから塩（分量外）で揉み、洗い流してください。太ければ半分の幅に切っ水気を絞ります。鮭は骨をとり、皮をむき、身を半分に切ります。切った身を腹側におぎなって、棒状にととのえます（右写真）。

昆布の水気をきり、軽くキッチンペーパーで水分をとります。幅を揃えて分けておくと作業しやすいです。まず、幅の狭い昆布を使います。昆布はたいてい長いものをヨコに切って袋詰めされていますが、まっすぐな切り口を手前にして、鮭を芯にして巻きます。巻き終えたらもう1枚（幅がより広いもの）同じように重ねて巻きつけ二重にし、巻き終わりを下にし、楊枝で仮止めします。かんぴょうで2～3か所ゆるめにふた巻きします。ヨコにもかんぴょうで結ぶと、鮭がはみ出しにくいです（煮上がったらはずします）。かんぴょうはあらかじめ短く切らず、長いまま結んで必要な長さを割り出したほうが失敗がありません。巻いた昆布を鍋に並べ、昆布のもどし汁（または水）をかぶるくらいに注ぎ、酒、酢を加えて中火にかけます。沸騰したらアクをとり、クッキングシートなどで落としぶたをして弱火でコトコト30分ほど、昆布がやわらかくなるまで煮ます。煮汁が少ないので、すくって昆布にかけながら煮ます。

竹串がスッと通るようになったら砂糖、しょうゆを大さじ2ずつ加えて約15分間さらに煮て、残りの砂糖としょうゆを加えて15分煮たら火を止め、冷ましてなじませます。最後に昆布巻きの両端を少し切り落としてから、適度な大きさに切り分けます。

くわいの旨煮

作りやすい分量
くわい　6～8個
だし　400mℓ
砂糖　大さじ2
みりん　大さじ2
薄口しょうゆ　大さじ1
塩　小さじ½

くわいは、芽を2cmほど残して斜めに切り、底も切り、六方（六角形）に皮をむき、水に30分さらします。水から茹で、沸騰したら茹でこぼします。鍋にだしとくわいを入れて弱火にかけ、アクをこまめにとりながら、15分静かに煮ます。砂糖、みりんを加えてクッキングシートなどを落としぶたにしてさらに5分、薄口しょうゆ、塩を加えてもう10分煮て、竹串がスッと刺さったら火を止め、そのまま冷まして味を含ませます。

三の重

吹きよせ

作りやすい分量

やつがしら
　700g（皮をむき500g）
にんじん　1本（200g）
手まり麩（生）　8個
こんにゃく　1枚（200g）
焼き豆腐　1丁（300g）
鶏もも肉　2枚
さやえんどう　10枚
油　適量
やつがしらの煮汁
　だし　800㎖
　みりん　大さじ2
　薄口しょうゆ　大さじ2
にんじん・手まり麩の煮汁
　だし　400㎖
　砂糖　大さじ1
　薄口しょうゆ　大さじ1
こんにゃく・焼き豆腐・鶏肉の煮汁
　だし　800㎖
　みりん　大さじ2
　しょうゆ　大さじ2
　塩　小さじ⅓

それぞれ別々に煮て、煮汁をきって盛り合わせましょう。煮汁は常温で用意します。

やつがしらを煮ます。皮をむき食べやすい大きさに切ったら、煮汁で20分落としぶたをして煮ます。はじめは中火で、沸いたら弱火にします。煮汁で全体が覆われるような大きさの鍋を選びましょう。また、煮あがったら、火を止めて盛り付けの直前まで煮汁につけたまま冷ますと、味がしみ、変色も防げます。

　にんじんと手まり麩を煮ます。にんじんは、ねじり梅にします（難しければ輪切りに）。にんじんを煮汁で10分煮て、手まり麩を加えてさらに5分煮ます（中火で沸いたら弱火に）。火を止めてそのまま冷まします。

　こんにゃく、焼き豆腐、鶏もも肉を煮ます。こんにゃくは薄切りにして中央に切り目を入れ、片方の端を切れ目にくぐらせて手綱にします。焼き豆腐は8等分に、鶏肉は食べやすい大きさに切ります。鍋にだし、こんにゃく、焼き豆腐を入れて中火にかけます。煮ている間に、油をひいたフライパンで鶏肉を皮目から焼き、両面に焼き色がついたら、油をきっておきます。鍋のほうは、沸いたら弱火にし、みりんを加え5分煮て、しょうゆ、塩を加えてさらに10分煮ます。さらにさきほど焼いた鶏肉を加えて同様の火加減で5分煮ます。火を止めてそのまま冷まします。

　さやえんどうは、塩茹でし（塩は分量外）、冷水にとり、水気をきります。

　やつがしら、にんじん、手まり麩、こんにゃく、焼き豆腐、鶏肉をお重に詰めて、さやえんどうをあしらったら完成です。

お雑煮

餅　2～4個
鶏もも肉　1/3枚（75g）
三つ葉　適量
ゆずの皮　適量
だし　800ml
しょうゆ　大さじ1/2
塩　小さじ2/3
みりん　少々

鶏もも肉は一口大に、三つ葉は2cmに切ります。鍋にだしを入れ中火にかけ、沸騰したら鶏肉を入れ、ふたたび沸いたらアクをとり、火が通ったらしょうゆ、塩、みりんを加えて味をととのえます。餅は焼きます。

お椀に餅と鶏肉、汁を入れ、三つ葉、ゆずの皮をあしらいます。ゆずの皮は「折れ松葉」に切ると華やかです。

お正月

沢村さんが、お正月飾りについて残した文章があります。

「うちの門松は太目の竹の一節に松と梅の小枝をさした、ささやかな松竹梅である。門の扉に、紅白の水引で結んだこの竹筒は、味気ない舗装道路に、案外、風情をそえてくれる。／床の間の小さい鏡餅の上には、橙(だいだい)をのせ金銀の水引をかざるだけ。和洋とりまぜた狭い居間には、こんなあっさりしたお飾りの方がいっそふさわしい」（うちのしきたり『わたしの台所』）

生まれ育った東京の下町のしきたりをひきつぎたい、とも書いていますが、気負わず、自分なりにアレンジしていたようです。

沢村さんのおせちにも、私は「ささやかさ」「あっさり」を感じました。お正月ならではの特別感はあるけれど、日々の献立の延長のようでもある。煮なますは定番の惣菜ですし、吹きよせにはなじみの店の焼き豆腐が入ったり。そして、1月3日頃にはもう、普通の食事に戻っています。自分たちに合うお正月というのが、わかっていたんだろうな、と思いました。

あげもち

餅　適量
油　適量
塩　少々
こしょう　適宜

乾いてしまったお餅を小さく割り、3～5日かけてさらによく乾かしてから揚げます。約140℃の油でかき混ぜながら揚げます。お餅がひび割れて、うすいきつね色になったら温度を上げて少し揚げ、とり出し、油をきって、熱いうちに塩をふります。お好みでこしょうをふってもおいしいです。

沢村さんは、正月のお供えを無駄にせず、あげもちにしていました。「植木屋さんや大工さんたちの朝十時のおやつ」によく出したそうです（手料理『わたしの献立日記』）。

いももち

じゃがいも　2個
餅　3切
ニラ　1/3束
水　大さじ2
塩　ひとつまみ
バター　少々
しょうゆ　適量

じゃがいもは皮をむき一口大に切ります（水にはさらさないでください）。ボウルに入れて水、塩を加えてラップをして600wのレンジで3分、餅を加えてさらに2分かけます。両方ともやわらかくなったらじゃがいもをつぶし、餅と混ぜ合わせ、1㎝くらいに細かく刻んだニラを加えて混ぜ、バターをひいたフライパンに平たく伸ばして両面焼き、しょうゆをたらします。

私からもひとつ、お餅のアレンジ料理を紹介しました。じゃがいもとバターが加わって餅がふわとろ食感になります。

冬の献立――②

生鮭の蒸し煮
（タルタルソース）
白菜とベーコンの重ね煮
ピーマンの醤油煮＊
みそ汁
（おとうふ、油あげ）

［白菜を漬けるときは］新しいものが食べられるまで、私はわざと一日、二日あけるようにしている。（中略）小かぶ、キャベツ、にんじん、大根などの千切り、薄切りに柚子の皮や紫蘇の実などをまぜた塩漬け、一夜漬け、ときには沢庵をこまかく切って水にさらし、ゴマや花かつおをまぜたかくやなどで気をかえれば、次の白菜の味がまたひとしお引き立つ、というわけである。
（ふたころめ『わたしの台所』、［ ］内引用者）

＊レシピはP183。

昭和 55.2.11

生鮭の蒸し煮

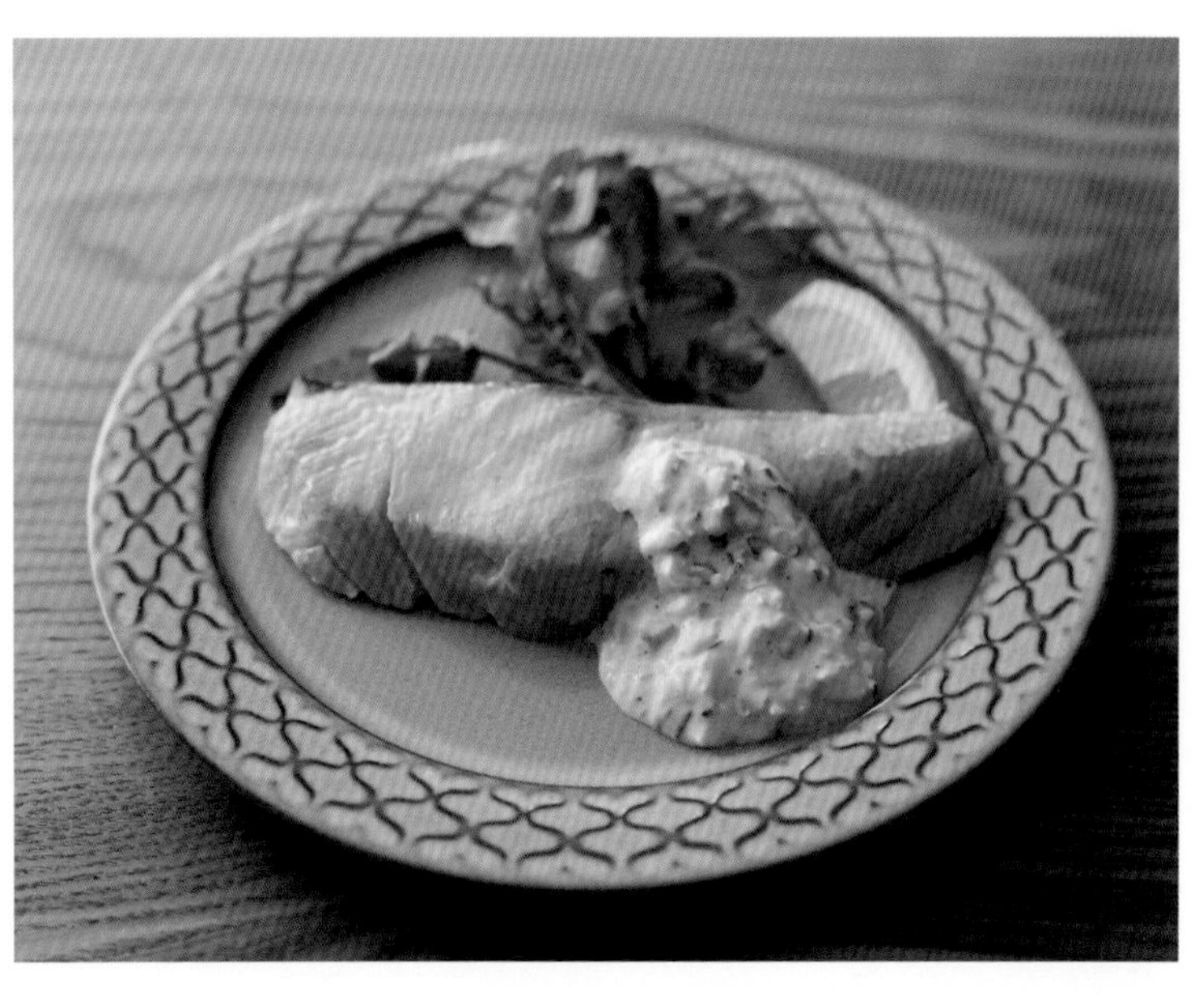

生鮭　2切
塩　少々
こしょう　少々
バター　5g
白ワイン　大さじ2
タイム　2枝
タルタルソース（作りやすい分量）
　茹で卵（固茹で）　1個
　玉ねぎ（みじん切り）　大さじ1
　ピクルス（みじん切り）　大さじ1
　大葉　4枚
　マヨネーズ　大さじ4
　サワークリーム　大さじ1
　塩　少々
　こしょう　少々
つけあわせ
　レモン　¼個
　クレソン　2枝

　タルタルソースを作ります。玉ねぎは水にさらし、水気を絞ります。茹で卵、大葉を細かいみじん切りにします。すべての材料をマヨネーズ、それからサワークリーム（省いてもいいです）と混ぜ、塩、こしょうで味をととのえます。

　生鮭に塩をふり15分おいたら、水分を拭きとり、こしょうをふります。フライパンを弱めの中火にかけ、バターを入れ、溶けはじめたら、盛り付けるときに上にする面から鮭を焼きます。うすく焼き色がついたらひっくり返し、白ワイン、タイムを加えてふたをして5分蒸し煮します。

　つけあわせのレモンはくし形に切り、クレソンは茎の固い部分を切り落とします。

　皿に蒸しあがった鮭を盛り、タルタルソース、レモン、クレソンを添えます。

白菜とベーコンの重ね煮

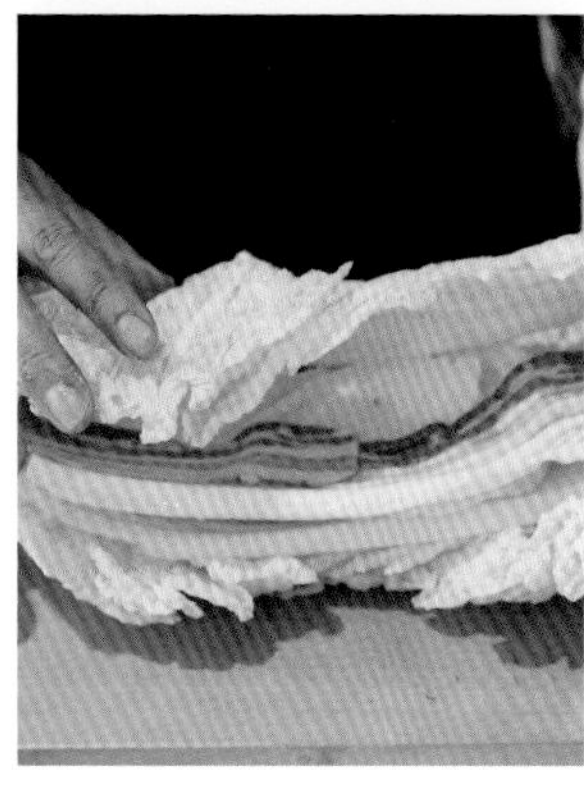

作りやすい分量
白菜　5枚（500g）
かぶ　2個（200g）
ベーコン　6枚
昆布　5g
水　300mℓ
生クリーム　大さじ2
塩　適量

白菜の葉はタテ半分に切ります。芯の部分には塩をひとつまみずつすりこみます。芯の部分を互い違いに切った2枚を、芯と葉の部分を互い違いに重ねたら、ベーコンを1枚半のせます。これをあと3回繰り返し、4層にし最後に残った白菜をのせます。右と左でぐるぐるとタコ糸で結びます（真ん中はあけます）。半分に切り、昆布と水を入れた鍋に入れて中火にかけます。ふたをして、沸騰したら火をやや弱め、ときどき煮汁を白菜にかけながら20分くらい煮ます。

白菜が煮えたらとり出します。タコ糸をとり、器に合わせて切って盛り付けます。鍋に残った煮汁に、皮ごとすりおろし、水気をかるくきったかぶを加えてさらに5分煮ます。生クリームを加え、沸騰したら味をみて塩（小さじ1/4〜1/3）でととのえて、白菜にかけたら完成です。

白菜漬け

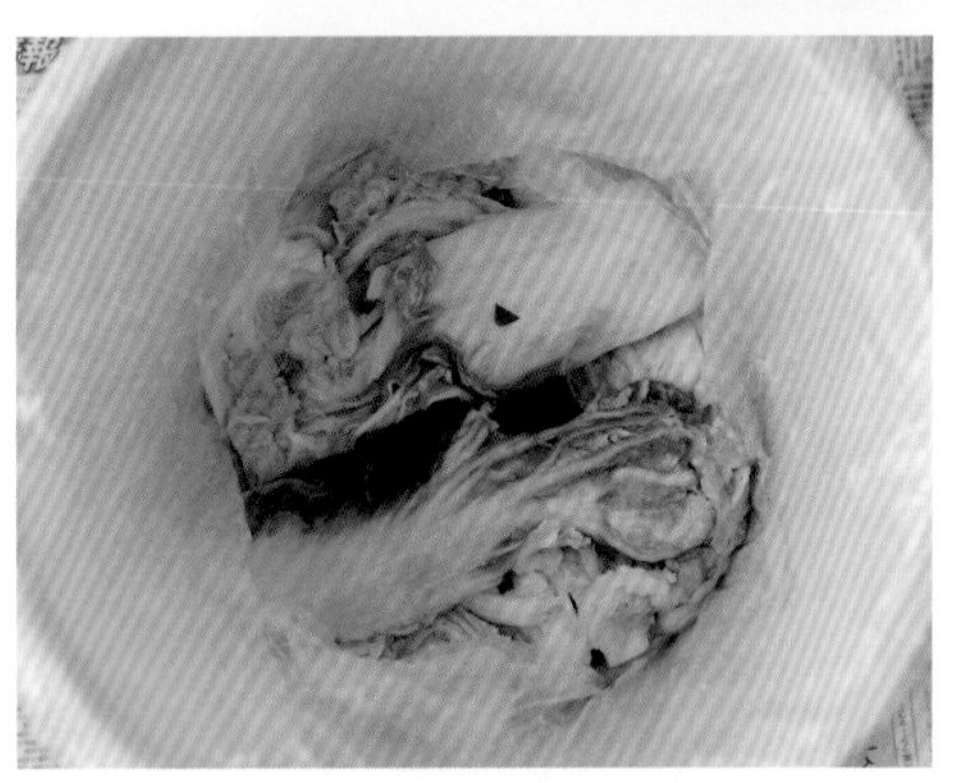

作りやすい分量
白菜　2株
塩　白菜の陰干し後の重さの 3%
昆布　30g
たかのつめ　4本

白菜は外側の葉をきれいな葉が出てくるまではがします。芯の真ん中に、根本から15㎝くらいまで切り目を入れて手で裂き、半分になったら同様に切り目を入れてさらに半分に裂きます。こうすると、葉がばらばらとちぎれません。

4つそれぞれの芯の真ん中にも短く切り目を入れておきます（漬かったあと⅛まで裂け、少量でも食べられます）。盆ザルに白菜をのせ、1日陰干しします。陰干しした白菜の重さを計り、塩を計量します。

塩を8つに分けます。切り分けた白菜を大きめのバットにのせ、葉と葉の間を広げ、⅛ずつ塩を芯に丁寧にすりこんでください（キムチの素をはさんでいくような感じです。葉はなりゆきで塩がつきます）。

清潔なポリタルに大きい厚手のビニール袋をかぶせ、塩をまぶした白菜を入れていきます。私は10ℓのポリタルと、0.5斗用の漬物用ビニール袋を使いました。隙間が空かないように、きちっと詰めていきます。バットに落ちた塩も入れます。2段重ね、3段重ねになるときは、上のほうの塩を多めにしてください（下に塩がたまりがちなので）。強く押して空気を押し出し、最後にビニール袋の口を太い輪ゴムでとめます。内ぶたをし、重し（白菜の約2倍）をのせ、ふたを閉めます。

1日たつと水分が出てくるので全体に水分を行き渡らせるようにぐるっとさかさまに動かします。一度封をあけ、ビニールの上から手で押して空気を抜き、輪ゴムでとめなおして重しをし、2日おきます。

二度漬けをします。昆布は5cm角に切り、たかのつめは種をとって1cmに切ります。白菜の水気をひとつずつ絞り、ビニールに溜まった水をすてて詰め直して、昆布とたかのつめをのせます。白菜の味をみて、足りないようなら塩を少々（分量外）加えます。2段で漬ける場合は、1段詰めたら、昆布とたかのつめを半量のせ、2段目も白菜をキッチリ詰めて、同様にします。最後に空気をなるべく抜いてビニールの口を輪ゴムでしっかりとめます。重しははじめの半分にします。4〜5日くらいから食べごろになります。

ポリタルに入れたままだと発酵が進みやすいので、汁を軽くきって、ビニール袋に小分けにし、冷蔵庫で保存します。

寒くなるとぬか漬けから、白菜漬けに変えていた沢村さん。この献立の3日前、2月8日に「白菜を切ってさぼしておく」、9日に「白菜漬けをする」とメモがありました。

白菜漬けのコールスロー

白菜漬け　¼株
にんじん　½本
ドレッシング（混ぜておく）
　オリーブオイル　大さじ1
　粒マスタード　大さじ½
　ワインビネガー　小さじ1

白菜漬けは水気を絞って1cm弱の幅に切ります。にんじんは千切りにします。ボウルでドレッシングとにんじんをなじませ、白菜漬けも加えてさっと和えたら完成です。白菜漬けをそのまま食べるのに飽きたらこんなアレンジも。

冬の献立――③

よせ焼き
（いか、めごち、きす、ほうれん草、ゆば、コンニャク、かまぼこ、ねぎ、中華そば、レモン）
じねんじょ
（たまご、みつば）
みそ汁
（なめこ）

毎日の変化は何より大切。いくら、とび切りのご馳走だからと言って、今日も明日も出されては、げんなりする。（中略）二、三日おいて、姿かたちをかえた上、食卓の隅にそっと並べておけば、いつの間にか、お皿がからっぽになったりする。（「お元気ですか？」『わたしの脇役人生』）

昭和 48.12.6

よせ焼き

いか　60g
えび　4尾
きす　4枚（80g）
こんにゃく　80g
なると　60g

中華麺　2玉
ほうれん草　½束
ゆば　30g
わけぎ　2本
レモン　¼個

酒　大さじ1
塩　小さじ½弱
片栗粉　小さじ1
油　適量
薄口しょうゆ　大さじ2
バター　15g

食べやすく切った魚介類とこんにゃくとなるとに酒、塩、片栗粉をまぶします。フライパンを弱めの中火にかけ、半分の面で、油をひいて焼きます。もう半分の面に、熱湯をかけて油を落とした中華麺を入れて焼き、焼き目がついたら返して、薄口しょうゆを麺だけにからめます。具材と麺を合わせます。具に火が通ったら、皿に盛り付けます。

塩茹でし（塩は分量外）水にとり絞ったほうれん草とゆばは食べやすく切り、バターで炒め、塩（分量外）で味付けします。盛り付けた麺の上に、小口切りにしたわけぎとくし形に切ったレモンとともにのせます。

「よせ焼き」とははじめて聞きました。そのときどきで、残った食材を少しずつ入れて作ったのかもしれません。週一回くらいやってもよさそうです。

じねんじょ

大和芋　200g
三つ葉　½束
だし　80～100㎖
卵黄　1個分
塩　小さじ¼
薄口しょうゆ　適量

大和芋の皮をむき、すりおろします。だしを少しずつ加えて混ぜ、卵黄、塩、薄口しょうゆ少々も加えてさらに混ぜます。器に盛り付け、塩茹でした（塩は分量外）三つ葉を2㎝に切ってのせ、薄口しょうゆをたらします。

自然薯は、日本原産で山に自生します。山間のお土産店などでときどき見かけますね。ここでは手に入りやすい、粘りの強い大和芋を使いました。生卵が入っているのですぐに食べてください。

冬の献立――④

すずきのピカタ
（レモン、ブロッコリー）
にんじんのギリシャふう＊
ポテトスープ
（ふらんすふう）
のり

私は、朝、眼がさめるとすぐ夕飯の献立を考えるのが、長い間の習慣になっている。季節の暑さ寒さからその日の天気の工合……この二、三日の料理など考え合わせて、やっと決まったころ電話がかかり、今夜、若いお客さまが二人お見えになるという。トタンにメニューは全面変更――献立とはそういう風に、その日、その人、その気持で、猫の目のようにクルクル変えるのが、また楽しいということかも知れない。

（据え膳『わたしの台所』）

＊P183も参照してください。

昭和51.12.12

すずきのピカタ

すずき　2切（300g）
にんにく　1片
薄力粉　適量
塩　少々
こしょう　少々
オリーブオイル　適量
卵液（混ぜておく）
　卵　2個
　パルメザンチーズ（すりおろす）　大さじ2
　ディル（刻む）　少々
つけあわせ
　ブロッコリー　½株
　レモン　⅛〜⅙個

すずきは皮をとり大きめの一口大にそぎ切りにし、塩、こしょうをふり、薄力粉をはたきます。にんにくはスライスします。フライパンにオリーブオイルをひき、にんにくを入れて弱火にかけ、香りがたってきたらとり出します。スプーンで卵液をフライパンに小さく広げ、すずきに卵液をつけ、上にのせます。6〜7割焼けたら、ひっくり返す寸前にも上から卵液をかけましょう。余分な油が出たらキッチンペーパーでとってください。お皿に盛り、塩茹でしたブロッコリー（塩は分量外）とくし形に切ったレモンを添えます。

にんじんのギリシャふう

作りやすい分量

にんじん　1と½本（300g）
ブラックオリーブ　30g
ディル　1枝
ペパーミント　適量
塩　小さじ⅔
ヨーグルトソース（混ぜておく）
ギリシャヨーグルト　200g
おろしにんにく　小さじ½
白ワインビネガー　大さじ1
オリーブオイル　大さじ1
塩　小さじ½
こしょう　少々

にんじんを千切りにし、塩をまぶし、しんなりしたら水気を絞ります。にんじんとスライスしたブラックオリーブ、刻んだディル、ペパーミントをヨーグルトソースと和えたら完成です。ギリシャヨーグルトは普通のヨーグルト300gを水切りして代用できます。

本シリーズ2冊目では別の「ギリシャふう」を試しています。P183参照。

ポテトスープ

作りやすい分量

じゃがいも　2個
玉ねぎ　½個
ズッキーニ　½本
鶏ささみ　2本
ローリエ　1枚
水　800㎖
塩　適量
オリーブオイル　大さじ1
こしょう　少々
レモン（スライス）　適量

水、皮をむきいちょう切りにしたじゃがいも、8㎜厚にスライスした玉ねぎ、ローリエ、塩小さじ½を鍋に入れて中火にかけ、沸いたら弱火にし5分煮ます。そぎ切りにした鶏のささみ、2〜3㎜厚の半月切りにしたズッキーニ、塩小さじ1と½、オリーブオイルを加え、火が通ったら、塩、こしょうで味をととのえ、器に盛り、レモンをのせます。水だけでシンプルに煮て、オリーブオイルを効かせ、スープもギリシャ風にしました。

冬の献立――⑤

天どん
（さいまき）
ほうれん草のおひたし
やきどうふの煮込み＊
みそ汁
（わかめ、ねぎ）

一つの生きがいというのは、さっき申しあげたように、小さな点と小さな点を、せっせこせっせこ集めること。その日集めたのがその日の幸せ、そしてその月集めたのがその月の幸せ、一年集めたら一年の幸せ。こうして、「はい、こんなに溜まりました」「ああよかったね」「じゃまた、これを下におろして、来年も集めましょう」こういうふうにするのが生きがいってものではないかしら。（私にとって生きがいとは『わたしのおせっかい談義』、P172に続く）

＊レシピはP184。

昭和56.12.31

天どん

車えび（小、殻付き）　14〜20尾
春菊　⅓束
卵黄　2個
ご飯　適量
衣
　卵　1個
　冷水　180〜200㎖
　薄力粉　100g
油　適量
丼つゆ（作りやすい分量）
　かつおぶし　5g
　昆布　3g
　しょうゆ　100㎖
　みりん　100㎖
　水　100㎖
　砂糖　小さじ1

丼つゆを作ります。材料をすべて鍋に入れ、沸騰したら弱火で5分煮て、火をとめ、粗熱がとれたら濾します。

車えびは頭と殻と背ワタをとります。腹側に3〜4か所ほど切り目を入れ、胴を背中側から指で押してすじを切ります。尾の先を少し切り、尾の中の水分を包丁でしごき出します。頭の尖っている部分とヒゲは切ります。春菊は葉をつまみます。

衣を用意します。よく冷やした卵をボウルに割り、冷水を注いで混ぜ、3回に分けて薄力粉をふるいながら入れ、全体を軽く混ぜます。

えび、春菊に薄力粉（分量外）をうすくまぶしてから、衣をつけ、170℃ほどの油で揚げます（えびは175℃くらいでも）。卵黄も、同様に揚げます。小さなボウルで、薄力粉（分量外）をまぶし、衣をつけ、スプーンにのせてそっと油に入れ、1分ほど油をかけながら揚げます。

ご飯を盛り、油をきった天ぷらをのせ、丼つゆをかけたら完成です。

年越しそばならぬ年越し天丼。「さいまき」とは小さな車えびのこと。12月29日に「山崎氏持参 車えび（さいまき）30尾」とあります。元マネージャーの山崎洋子さんでしょうか。なんとも羨ましい到来物です。

天婦羅そば（車えび、ねぎ）

平成元.12.31

そば　2人分
えび天　6～10尾
長ねぎ　1/3本
ゆずの皮　適量
七味唐辛子　適宜

そばつゆ（作りやすい分量）
だし　1ℓ
薄口しょうゆ　大さじ4
みりん　大さじ1
塩　少々

そばつゆの材料をすべて鍋に入れて温めます。そばを茹で、流水で洗い、湯で温めてしっかりと湯をきります。丼にそばを盛り、つゆを注ぎ、えび天をのせ、薄く小口切りにして水にさらした長ねぎ、ゆずの皮を添えます。七味唐辛子はお好みで。

ある年の大晦日はこんな豪勢な年越しそばでした。

天むす

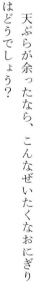

残ってしまった天ぷら（えび・春菊など）　適量
梅干し（刻む）　小さじ1
ご飯　2膳

天ぷらを刻み、梅干しと、ご飯と混ぜ、軽くにぎります。
天ぷらが余ったなら、こんなぜいたくなおにぎりはどうでしょう?

冬の献立――⑥

うどんすき
（とり、こまつな、ねぎ、うどん、白菜、こかぶ、かまぼこ、しいたけ）
紅鮭＊
かずのこ

（P168より）それなのに、生きがいはないか、生きがいはないかと、あちこちウロウロ探してみても、探しているうちにおしまいになってしまいますよね。そんなのはつまらないじゃありませんか。だから私の生きがいは、毎日、何か、「ああ、よかった」「ああ、うれしかった」「ああ、美味しかった」「ああ、楽しかった」と思うようなことを、自分にするか、人にするか、自分の周りの人にするか、それでいいのです。（私にとって生きがいとは『わたしのおせっかい談義』）

＊P184も参照してください。

昭和59.12.31

鮭の焼き漬け

塩鮭（甘塩）　2切
長ねぎ　1本
ゆずの皮　適量

漬け汁
昆布　2g
ぽん酢しょうゆ　100mℓ
水　100mℓ
みりん　大さじ1

漬け汁の材料を鍋に入れ、一煮立ちさせます。塩鮭は骨をとり食べやすい大きさに切り、長ねぎは4cmに切ります。ともにグリルで焼き、漬け汁に入れます。30分ほどで食べ頃です。器に盛り、ゆずの皮の千切りをのせます。鮭は献立日記の常連。これまで紹介した他のアレンジもP184に載せました。

かずのこ

塩かずのこ　5本

漬け汁
だし　200mℓ
薄口しょうゆ　大さじ2
酒　大さじ2
みりん　大さじ½
かつおぶし（糸削り）　適量

塩かずのこをP145と同様に塩抜きし、白いすじをとり除きます。鍋に漬け汁の材料を合わせ、沸かして冷まし、かずのこを漬けます。食べやすい大きさに割り、器に盛り、かつおぶしをふります。おせち用でしょうか？　大晦日に味見かな。

うどんすき

うどん　2玉
鶏もも肉　1枚
小松菜　½束
長ねぎ　1本
白菜　⅛株
かぶ（小）　2個
しいたけ　4枚
かまぼこ　½本
つゆ
だし　1.5ℓ
薄口しょうゆ　大さじ2
みりん　大さじ½
塩　小さじ1と½〜2

鶏もも肉を食べやすい大きさにそぎ切りにし、酒と塩少々（分量外）をまぶします。小松菜は4㎝、長ねぎは斜め切りに、白菜の葉はざく切りに、芯はそぎ切りにします。かぶは皮をむき、くし切りにし、しいたけは石づきをとり半分に切ります。かまぼこは食べやすく切ります。うどんはたっぷりの湯で茹でて水で締めます。

材料をすべて大皿に盛り付け、鍋につゆの材料を入れて温めたら準備完了です。卓上で具材を煮ながら召し上がれ。

この年はうどん。献立日記によるとチャーシューメンで年越しもありました。

白あえ
（おとうふ、こんにゃく、くるみ、にんじん、生しいたけ、しょうが汁）

昭和58.2.19

こんにゃく　½枚（100g）
にんじん　½本（100g）
しいたけ　3枚
煮汁
　水　大さじ4
　薄口しょうゆ　大さじ1
　みりん　大さじ1
　塩　ひとつまみ
和え衣
　木綿豆腐　½丁（150g）
　白いりごま　大さじ1
　くるみ　15g
　塩　小さじ⅓
　薄口しょうゆ　少々
　しょうが汁　小さじ½

小鍋に煮汁を入れて沸騰させます。こんにゃくは細切りに、にんじんは短冊切りに、しいたけは石づきをとり薄切りにし、鍋に加え、にんじんに火が通るまで弱めの中火で煮て、粗熱がとれたら水気をきります。

和え衣を作ります。白いりごまを油を感じるまですります。水切りした木綿豆腐と調味料、しょうが汁を加えさらにすり、くるみを加えて粗く砕きます。煮た食料を、和え衣と和えます。豆腐と塩だけのシンプルな和え衣もおいしいです。

しらす、みょうが、みつばの酢のもの

平成 2.1.22

三つ葉　2束
みょうが　2本
しらす　30g
ごま油　小さじ1
酢　小さじ1
塩　小さじ¼

三つ葉は塩茹でし（塩は分量外）、水にとります。水気をきり、3㎝の長さに切ります。みょうがは小口切りにして水にさらし、キッチンペーパーで水分を拭きます。

三つ葉とみょうが、しらすをボウルに入れ、ごま油と和え、仕上げに酢、塩を加えてさらに和えます。

カリフラワーサラダ

昭和 62.2.16

カリフラワー　½株（300g）
パプリカパウダー　少々
ドレッシング（混ぜておく）
　マヨネーズ　大さじ4〜5　　砂糖　小さじ1
　生クリーム　大さじ4　　塩　少々
　レモン汁　小さじ1　　白こしょう　少々

　スライサーで薄切りにしたカリフラワーを器に盛り、ドレッシングをかけ、仕上げにパプリカパウダーをふりかけます。アンチョビやクミンパウダーをドレッシングに混ぜてもおいしいです。

牛肉佃煮（ミンチ）

平成 4.1.31

牛ひき肉　200g
煮汁（混ぜておく）
　しょうゆ　大さじ1と½
　酒　大さじ1と½
　砂糖　大さじ½
　みりん　大さじ½
黒こしょう　少々

　小鍋にお湯を沸かし、牛ひき肉をさっと茹で、水をきります。鍋にひき肉を戻し、弱めの中火にかけ、煮汁を3回に分けて入れ、汁気がなくなるまで煮詰め、仕上げに黒こしょうを加えます。こしょうのかわりにしょうがのみじん切りでもよいです。

沢村さんの定番惣菜

献立日記にたびたび出てきて、これまでのシリーズにも本書にも登場することになった惣菜を、まとめてご紹介します（写真は1冊目と2冊目より）。

きゅうりのおひたし（きゅうり、てんかす）―― P30

きゅうり　2本
天かす　適量
タレ（混ぜておく）
しょうゆ　大さじ2
酒　大さじ1
ごま油　大さじ1
ラー油　少々

きゅうりは斜めに薄く切ってから千切りにします。ボウルできゅうりとタレを和え、最後に天かすを加え混ぜます。お好みで酢を加えても。1冊目では、天かすのかわりに、油抜きして焼き、細切りにした油あげを入れました（写真）。ラー油以外に七味も合います。

黒豆ふくめ煮 ―― P30、140

作りやすい分量
黒豆（乾燥）　300g
水　2ℓ
砂糖　200～230g
しょうゆ　大さじ1
重曹　小さじ½
塩　少々

鍋に分量のうち1.5ℓの水、砂糖、しょうゆ、重曹、塩を入れて中火にかけ、沸いたら火を止め、残りの水、洗った黒豆を入れ5～6時間浸します。鍋を再び中火にかけ、沸いたらアクをとり、落としぶたをしてごく弱火で2～3時間、豆がやわらかく（お好みの食感に）なるまで煮ます。火を止めて冷めるまでそのままおきます。

本書の「冬の献立①」ではお正月らしく、松葉に刺しました。

きんぴら／ポテトサラダ――P50

きんぴら（作りやすい分量）
ごぼう　1本（200g）
にんじん　½本（100g）
ごま油　大さじ1
たかのつめ（輪切り）　ひとつまみ
砂糖　大さじ½
しょうゆ　大さじ1と½
酒　大さじ1と½
白いりごま　小さじ1

ポテトサラダ
じゃがいも　3個
ちくわ　1本
マヨネーズ　大さじ3〜4
酢　小さじ1
粒マスタード　小さじ1

きんぴらポテサラ
きんぴら　右記の⅓の量
ポテトサラダ　右記の量
小ねぎ　適量

2冊目では、献立日記にあった「きんぴら」だけでなくそのアレンジ「きんぴらポテサラ」（写真）を考案し、ご紹介しました。

◎きんぴら　ごぼうはたわしで皮をこそげるように洗い、斜め薄切りにしてから千切りにします。1〜2分、水にさらし、しっかり水気をきります。にんじんも千切りに。

鍋にごま油をひき、たかのつめとごぼう、にんじんを入れて中火で炒めます。しんなりしたら火を弱め、砂糖、しょうゆをまわし入れてしばらく炒めて、酒を加えて汁気がなくなるまで炒め、白いりごまをふります。やわらかめが好きなら水やだしを50㎖加えて長く炒め煮にしてもおいしいです。

◎ポテトサラダ　じゃがいもは皮をむいて4〜6等分にし、塩少々（分量外）を加えて水から茹でます。やわらかくなったら茹で汁をすて（汁を少し残してもよいです）、鍋の中でつぶします。ボウルに移し、粗熱がとれたら小口切りにしたちくわ、マヨネーズ、酢、粒マスタードを混ぜ、塩（分量外）で味をととのえます。

◎きんぴらポテサラ　下からポテトサラダときんぴらを交互に盛り付け、最後に小口切りにした小ねぎを散らします。

若竹煮（筍、わかめ）

——P56

作りやすい分量
筍（小）　2〜3本
ぬか　水1ℓに対し½カップ
たかのつめ　1本
生わかめ　50g
だし　600mℓ
みりん　大さじ1
薄口しょうゆ　大さじ1
塩　小さじ1

筍を茹でます。土を洗い落として3〜4枚外側の皮をむき、上の部分を斜めに切り落とし、タテに切り込みを入れます。鍋に筍、かぶるくらいの水、ぬか、たかのつめを入れて混ぜ、落としぶたをして強火にかけます。沸騰したら弱火にし、竹串がスッと通るまで1〜1時間半茹で、火を止めてそのまま冷まします。皮をむき、穂先はくし切りに。根元はイボをむき、1.5cm厚の輪切りにし、さらに食べやすい大きさに。

生わかめも食べやすい長さに切ります。

鍋にだしを入れて中火にかけ、筍、みりんを入れます。沸いてきたら弱火にし、薄口しょうゆ、塩を加え、20分ほど静かに煮て火を止め、ふたをし、なじませます。食べるときにふたたび火にかけ、沸いてきたらわかめを入れ、弱火で5分ほど煮ます。

とろろ汁

——P56

長芋　¼本（100g）
小ねぎ　少々
だし　500mℓ
みそ　大さじ2

だしを温め、みそを溶きます。長芋をすりおろし、小ねぎは小口切りにします。お椀にみそ汁をよそい、長芋を入れ、小ねぎを散らします。

大葉やみょうがを入れてもおいしいです。

2冊目では冷やしたものを紹介しました。だしにみそを溶いたら冷蔵庫で冷やしてください。そのあとの工程は同じです。

いりどうふ

——P88

木綿豆腐　½丁
にんじん　¼本（50g）
ごぼう　¼本（50g）
しいたけ　2枚
長ねぎ　10cm
卵　2個
ごま油　大さじ1
塩　小さじ⅓
酒　大さじ2
しょうゆ　大さじ1
みりん　大さじ½
かつおぶし　3g

　にんじんは太めの千切り、ごぼうはささがき、しいたけは石づきをとりスライス、長ねぎは小口切りにします。

　鍋にごま油をひき、中火にかけ、にんじん、ごぼう、しいたけを、塩を加えて炒めます。しんなりしたら長ねぎと、木綿豆腐をちぎりながら加えてさらに炒めます。

　豆腐が温まったら酒、しょうゆ、みりん、かつおぶしを加え、調味料が沸いたらひと混ぜし、卵を溶いてまわし入れ、ひと息おいてから大きく混ぜます。水分がほとんどなくなったら完成です。ラー油をたらしてもおいしいです。

もんこいかのたらこ和へ

——P118

いか（胴。刺身用）　80g
たらこ（中身）　大さじ1
酒　小さじ1
ごま油　少々
小ねぎ　適量
レモン　少々
一味唐辛子　適宜

　いかは皮をむいてひらき、細切りにします。ボウルにたらこの中身、酒、ごま油を入れ、いかを加えて和えます。

　器に盛り、小口切りにした小ねぎを散らし、レモンを添え、お好みで一味唐辛子をかけます。一味のかわりに刻んだ青唐辛子を混ぜてもおいしいです。

ピーマンの醤油煮

――P154

ピーマン　4個
昆布　3g
いりこ（頭と腹ワタをとる）　4〜6尾
水　150mℓ
しょうゆ　大さじ1と½
みりん　大さじ½
たかのつめ（輪切り）　適量

ピーマンは種をとり、タテに4つに切ります。小鍋に水と昆布、いりこを入れ火にかけ、沸いたら弱火にし、4〜5分煮ます。しょうゆ、みりん、たかのつめ、ピーマンを加え、さらに2〜3分煮て、ピーマンがしんなりと茶色に色づいたら火を止めます。

にんじんのギリシャふう

――P167

作りやすい分量
にんじん　1と½本（300g）
にんにく　½片
レモン　½個
オリーブオイル　大さじ½
塩　小さじ⅓
白ワイン　100mℓ
ローリエ　1枚
粒こしょう　5粒

小鍋にオリーブオイルをひき、スライスしたにんにくを入れ、香りがたったら厚めの半月切りにしたにんじんと塩を加え、弱めの中火で3分ほど表面に火が通るまで炒めます。レモン以外の残りの材料を加え、沸騰したら弱火にし、火が通るまで7〜8分ふたをして煮ます。レモンを搾り、塩（分量外）で味をととのえます。2冊目ではギリシャ風をレモンを効かせたマリネと考えましたが……沢村さんはどんなふうに作ったんでしょうね。

やきどうふの煮込み

──P168

作りやすい分量
焼き豆腐　1丁
だし　350㎖
しょうゆ　大さじ2と½〜3
酒　大さじ2
砂糖　大さじ½

しょうゆ大さじ1を残して、鍋にすべての材料を入れ、中火にかけ、沸騰したら弱火で15分煮ます。残りのしょうゆを加え、火を止めて味をなじませます。

2冊目ではふきの煮物と一緒に盛った「ふきとやきどうふの煮もの」（写真）を紹介しました。

紅鮭

──P172

塩鮭（甘塩）　2切
梅干し（刻む）　大さじ1
白いりごま　小さじ1
ゆずの皮　適宜

塩鮭を魚焼きグリルでこんがり焼きます。焼きあがったら、皮と骨を除いて粗くほぐします。梅干しは種をとって包丁でたたきます。ボウルで鮭、梅干し、白いりごま、お好みで刻んだゆずの皮を和えます。

献立日記によく登場する「鮭」。どんなふうに食べていたのでしょう。きっと焼いただけじゃない日もあったはず。本書では「焼き漬け」にしましたが、1冊目では梅と和えました（写真）。

索引

シリーズ3冊に紹介した料理を見出し語としました。
（例）②36……『沢村貞子の献立　料理・飯島奈美』2冊目P36に掲載

あ

い

う

え

お

か

き

ち

つ

て

と

な

NHK Eテレ「365日の献立日記」

献立　沢村貞子
料理　飯島奈美
声　　鈴木保奈美

演出　小関竜平
取材　木暮沙樹
撮影　杉山 悟
照明　斉藤直樹
音声　前田和馬
編集　宮田耕嗣
音響効果　玉井 実
制作統括　小川康之、尾関憲一、根岸 弓
制作　NHKエデュケーショナル
制作・著作　NHK　テレコムスタッフ

沢村貞子の献立 料理・飯島奈美 ③

2023年5月16日 初版第1刷発行
2023年10月29日 初版第2刷発行

著者　飯島奈美
写真　齋藤圭吾（p.2除く）
ブックデザイン　有山達也、山本祐衣
編集　加藤 基

協力　NHK Eテレ「365日の献立日記」制作班、山崎洋子、藤原ひろみ

発行者　孫 家邦
発行所　株式会社リトルモア
〒151-0051
東京都渋谷区千駄ヶ谷3-56-6
電話 03-3401-1042
ファクス 03-3401-1052
www.littlemore.co.jp

印刷・製本所　株式会社シナノパブリッシングプレス

Printed in Japan
ISBN978-4-89815-573-8 C0077